名师名校名校长

凝聚名师共识
固化名师关怀
打造名师品牌
培育名师群体

顾明远题

让爱看得见

手把手教你培养好孩子

曲怀英　著

山东教育出版社
·济南·

图书在版编目(CIP)数据

让爱看得见：手把手教你培养好孩子 / 曲怀英著
. — 济南：山东教育出版社，2024.5
ISBN 978-7-5701-3001-6

Ⅰ. ①让… Ⅱ. ①曲… Ⅲ. ①家庭教育 Ⅳ. ①G78

中国国家版本馆CIP数据核字（2024）第092090号

RANG AI KANDEJIAN——SHOU BA SHOU JIAO NI PEIYANG HAO HAIZI

让爱看得见——手把手教你培养好孩子 曲怀英 著

主管单位：山东出版传媒股份有限公司
出版发行：山东教育出版社
地址：济南市市中区二环南路2066号 4 区 1 号 邮编：250003
电话：（0538）82092660 网址：www.sjs.com.cn
印 刷：肥城新华印刷有限公司
版 次：2024年 5 月第 1 版
印 次：2024年 5 月第 1 次印刷
开 本：787毫米 × 1092毫米 1/16
印 张：13.5
字 数：207千
定 价：58.00元

（如印装质量有问题，请与印刷厂联系调换）印厂电话：0538-3460929

目 录

第三章

积极的家庭教育

第四章

父母做好自己

第五章

培养孩子积极的心理品质

第六章

优秀孩子培养法

第七章

从案例中反思

第一章

家庭教育现状调查

当前家庭教育现状

根据家长问卷和学生问卷调查结果，以及对部分家长的访谈，总结归纳出了当前家庭教育中存在的问题。从问卷中可以看出，学生的需求包括：安全的家庭环境、和谐的亲子关系、被看到、被理解、被肯定、被赞赏、被尊重、有归属感等。而现实的家庭现状是：部分家长文化水平低、父母关系紧张、父母离异、单亲家庭、家长对孩子过度保护和溺爱、拔苗助长、家长过分专制、家长只关注成绩等。家长看不到孩子的内心需求，这就造成了家长和孩子之间的冲突，孩子也因此出现了很多心理问题。家庭教育是教育的基础，是决定孩子人生底色的教育，是孩子成长的后盾，是整个教育的核心。家长只有认识到家庭教育的重要性，改变下面这些不合理的教育方式，才能从根本上解决家庭中的教育问题。

一、家长教育观念陈旧，缺乏变通

家庭教育作为一个人一生中最基础、最具有奠基作用的教育，对人的性格和品德的形成有着重大的影响。对于初中生而言，他们正处于情感变化剧烈的青春期，家长只有给予他们正确的帮助和引导，才能让其顺利度过这一阶段并获得更好的成长。但现实是，家长往往将教育的责任完全推给学校和教师，只给孩子提供物质上的支持而忽视了孩子的心理发展。再加上大多数家长受传统教育观念的影响，认为孩子只需要专注于课业成绩，所以他们将大量的金钱和心血倾注到孩子的学习中去，有的家长甚至将孩子的周末时间全部占用，让孩子上各种辅导班和兴趣班。孩子的学习成绩固然会影响其未来的发展和前途，但该阶段的学生正处于迷茫期，他们更需要与他人进行心灵上的沟通和交流。家长只有通过引导使孩子真正意识到学习的重要性，才能快速提高孩子的学习成绩。若家长不顾及孩子的感受，强加给他们一系列校外课程，则孩子不仅会丧失学习的兴趣，还会更加叛逆，进而更加无心学习。

二、家长对孩子的教育呈现极端化，缺少均衡性

每个人的家庭环境都是不一样的。父母作为孩子的第一任老师，他们对子女的教育态度常常会影响着孩子的学习和生活。父母对孩子本应该严慈相济，但在现实中，由于血缘关系或者情感的驱使，他们在对待孩子时不是溺爱就是完全放任自流，这样的教育方式极大地影响了孩子的成长，这在初中阶段表现得尤其明显。那些被父母溺爱的孩子，缺乏自理能力，极其自负，往往以自我为中心，缺少同理心，较少顾及他人的心理和感受，而那些被父母以极端方式严厉管教的孩子则往往表现出自卑、怯懦的倾向，过度压抑自己的真实感受，更甚者可能会产生心理问题。

三、家长缺乏和孩子沟通，家庭氛围不够和谐

沟通是人相互了解的渠道，对于处于青春期的初中生而言，他们有些行为往往难以被成年人所理解，在和人交往时他们经常表现出忽热情忽冷淡的态度。在这一时期，家长作为和他们最亲近的人，应该多关注孩子的生活和情感动向，并且多和孩子进行心灵的沟通，了解孩子在生活中遇到的难题和困惑，从而使他们更好地适应初中阶段身心的变化。但在实际生活中，家长或忙于自己的工作，或沉溺于虚幻的网络世界，和孩子之间很少沟通甚至从不沟通，导致亲子之间的隔阂越来越深，家庭氛围也日趋冷淡。

四、家长缺乏家庭教育指导能力

在现实生活中，有的家长不懂得如何去教育孩子，他们仅仅能够满足孩子的物质需求，导致孩子在精神上极度缺乏关爱与理解。同时，家长在教育孩子时往往忽视了父母作为榜样的重要性，他们在日常生活中不能以身作则，遇到困难时不是抱怨就是逃避，甚至整天在孩子面前吐槽工作的不顺和

对领导的不满，而他们在以消极态度对待生活的时候却教导孩子要以乐观、积极的心态去面对困难，这不但不会使孩子拥有积极的人生态度，反而会降低他们在孩子心中的威望，从而使结果适得其反。

五、高期望，重智力

随着社会的发展，家长越来越重视孩子的教育。但是，受传统教育观念的影响，素质教育要求的全面发展被许多家长所忽略，许多家长都存在教育焦虑，过分追求知识和技能训练，过分关注孩子的早期智力发展，而忽视了孩子自身的兴趣和能力，导致孩子失去了应有的美好童年。过高的期望会造成过大的压力，过分强调智力发展就会忽视孩子原有的情绪、人格等非智力因素的培养，从而不利于孩子身心的全面发展。

六、行为导向错误，忽视积极品质

无论是幼儿园阶段还是中小学阶段，都是孩子自我概念形成和发展的关键时期。积极的行为取向和建议对孩子有积极的影响，不良的行为取向和建议对孩子有消极的影响。消极评价会使孩子形成错误的自我概念和自我评价，从而不能正确认识事物和未来的发展。许多家长缺乏对孩子进行适当的鼓励和表扬，忽视孩子的积极品质，影响了孩子心理健康的发展。

七、教养方式不合理

家长不合理的教养方式主要有权威式、温柔式、宠溺式等，这些教养方式或使孩子任性、以自我为中心，或使孩子没有自主权，容易产生心理压力和恐惧、焦虑、自卑等负面情绪，从而不利于其健康发展。

家长问卷调查结果分析

每次接热线，我都会接到很多家长的求助："老师，我的孩子已经两周不去上学了，我都急死了，怎么办呢？""老师，我的孩子总是玩手机，为了手机我们经常吵架。""老师，我的孩子最近不听话，让他去东，他非去西，老和我对着干，气得我头疼。""老师，我的孩子最近学习成绩下降很快，不喜欢学习，也不想写作业，怎么办呢？"的确，现在有一些孩子存在厌学、迷恋手机、顶撞父母、打架、离家出走甚至抑郁等问题，很多家长面对这些问题时感到束手无策。我经常思考孩子为什么会出现这样或那样的问题。作为家长，我们该怎么做才能避免这些问题的发生呢？是我们家长的教育理念落后，还是孩子成长得太快呢？孩子出现问题是不是与我们家长有关系？

为分析和解决这些问题，我们对5081名家长进行了问卷调查，现仅针对其中一部分调查结果进行分析。

一、家长构成情况

参与问卷调查的家长包括小学、初中和高中孩子的家长。其中，16岁孩子的家长最多，共433名；其次是17岁孩子的家长，共232名；然后是15岁孩子的家长，共191名；再就是13岁、10岁、8岁孩子的家长。也就是说，初二、初三、高一、高二的家长比较多，通常这些家长和孩子的相处面临的问题也相对较多。

二、孩子在家庭中的排行

参加问卷调查的家庭中，孩子是独生子女的只占27.28%，也就是说很多家长响应国家政策要了二孩或三孩，这在一定程度上来说是件好事。孩子中，排行老大的占39.72%，排行老小的占29.14%，排行中间的占3.86%。对于二孩家庭来说，如何平衡两个孩子间的关系，做到“一碗水端平”是一个具有挑战性的问题。因为如果平衡不好孩子之间的关系，尤其是偏向老小，而忽略老大，就会让老大产生一定的心理问题。

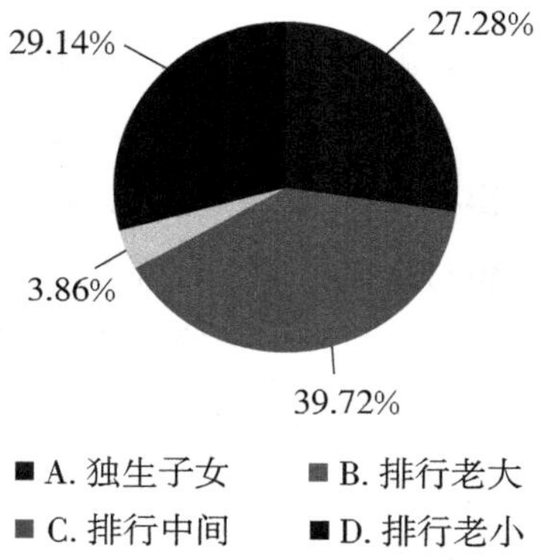

图1-1　孩子在家庭中的排行

《中国国民心理健康发展报告（2019～2020）》中指出：青少年抑郁检出率为24.6%，其中重度抑郁检出率为7.4%。小学阶段抑郁检出率近10%，其中重度抑郁检出率为1.9%～3.3%；初中阶段抑郁检出率近30%，其中重度抑郁检出率为7.6%～8.6%；高中阶段抑郁检出率近40%，其中重度抑郁检出率为10.9%～12.5%。女生抑郁程度略高于男生，非独生子女的抑郁程度高于独生子女。在我平时咨询的心理案例中，二孩家庭中老大出现心理问题的数量越来越多。

三、父母的受教育程度

参加问卷调查的家庭中，母亲大专及以上学历的占43.99%，父亲大专及以上学历的占46.8%；母亲初中及以下学历的占41.6%，父亲初中及以下学历的占38.56%；母亲高中学历的占14.41%，父亲高中学历的占14.64%。可以看出，父、母亲高中、初中及以下学历的所占比例基本是一致的。我相信这些父母在自己上学的时代，他们的父母一定是尽了最大努力，所以他们不能埋怨自己的父母，而应思考如何做好自己孩子的父母。近半个世纪前心理学家就发现：父母的养育风格直接决定了亲子交往的质量，这种风格是影响教育效果的神奇“开关”，对于孩子社会交往技能的发展影响深远。

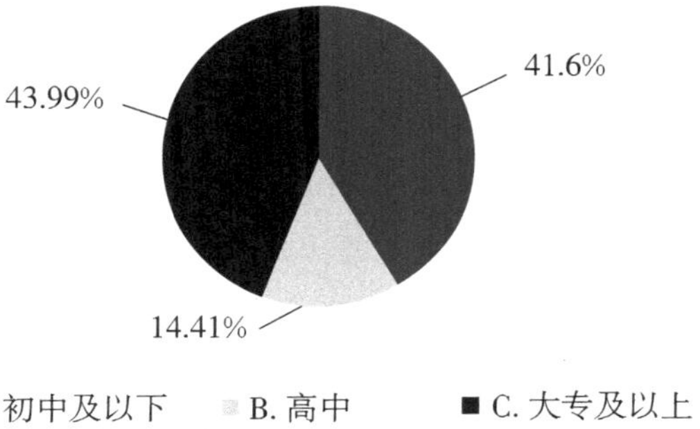

（a）母亲受教育程度

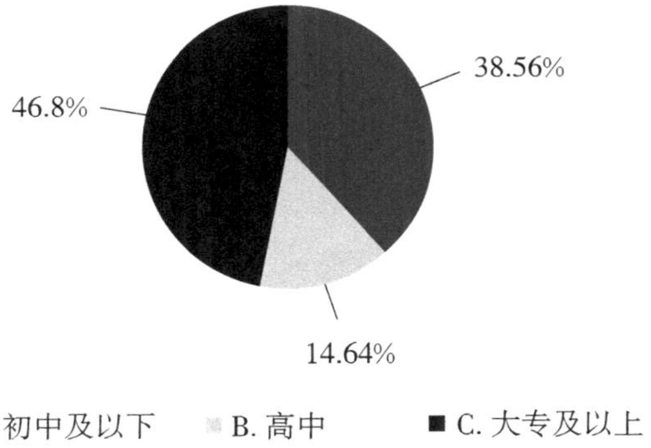

（b）父亲受教育程度

图1-2　父母受教育程度

四、夫妻关系

从问卷调查结果可以看出，夫妻间有争吵但很少在孩子面前吵架的占88%，处于分居状态三个月以上的占4.12%，经常激烈争吵的占3.32%，吵架后有持续一周以上“冷战”的占3.02%，争吵且有暴力行为的占1.54%。也就是说，很多家庭中夫妻之间是有吵架的，也存在激烈争吵、“冷战”、分居的情况。夫妻和睦家庭兴旺，夫妻争吵损害健康。曾有一项医学研究指出，夫妻吵架不仅会伤害彼此感情，还会影响双方的身体健康。美国犹他州杨百翰大学的医学研究表明，比起经常吵架的夫妻，不吵架的夫妻双方身体更健康、寿命更长。在该研究中，研究人员对1700名已婚成年人进行了20年的跟踪调查，检查他们的身体健康状况，并询问他们有关争吵、幸福和生活质量的问题。结果表明，夫妻双方吵架次数越多，他们的健康情况就越差，也就是说，幸福的婚姻是长寿的重要因素。在经常吵架的家庭中，孩子会出现较强的焦虑情绪，缺乏安全感，更容易沉浸在负面情绪中难以解脱，他们会认为是自己不好、自己不够优秀才惹得爸爸妈妈吵架，从而感到自责、内疚。面对父母的吵架，很多孩子感到精神紧张，小的孩子还会出现尿裤子的情况，这表明父母吵架对孩子的生理也有不好的影响。而夫妻经常吵架动手的家庭，孩子会觉得动手就可以解决一切问题，于是他们会将在家中所接收到的不良情绪转移到同伴、朋友身上，甚至会尝试用暴力来解决问题，这些行为势必会给其人际关系带来伤害，而且这样的孩子成年结婚后大多会成为父母的翻版。可见，良好的夫妻关系是孩子健康成长的保障。

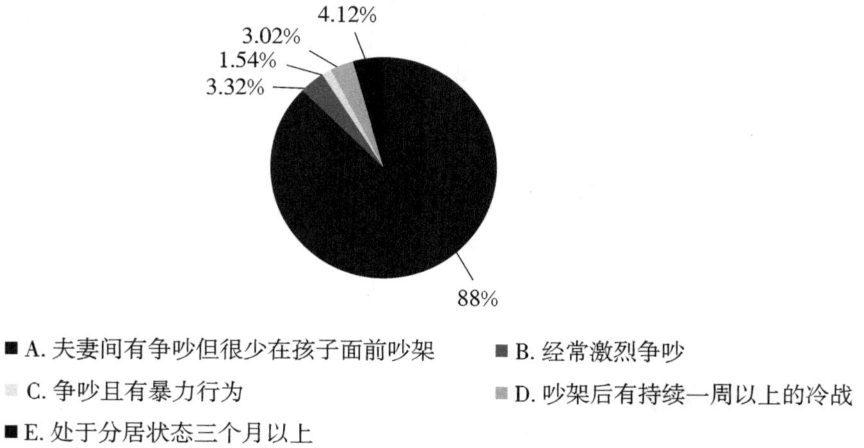

图1-3　夫妻关系

夫妻关系在家庭关系中处于第一位，夫妻关系好，孩子才有安全感，进而才会有很好的生活。在中国传统家庭文化中，父亲是乾，也就是天，负责给孩子遮风挡雨；而母亲是坤，就是大地，包容万物。这样孩子在中间，有父亲遮风挡雨，有母亲托举包容，孩子才会是安全的、开心的。如果父亲缺位，就没有人给孩子遮风挡雨；如果母亲缺位，孩子就会觉得仿佛掉入了万丈深渊，没有安全感，甚至无法生存。

五、亲子关系

从问卷调查结果可以看出，亲子关系很亲密的占84.81%，一般的占14.66%，很紧张的占0.53%。这一结果还是不错的，只有少数家庭亲子关系紧张。良好的亲子关系对孩子的成长至关重要。很多家长觉得孩子不听话，其实出现这种现象的根本原因是亲子关系出了问题，如果亲子关系恶劣，父母对孩子的教育就无法起作用，因为孩子并不想听父母的教育；但是如果亲子关系良好，孩子就会好好配合父母，听从父母的教导，能在不知不觉中学到很多，如关爱他人、平等待人等，从而在将来走上社会后成为受欢迎的人。拥有良好的亲子关系的九大法宝是信任、倾听、欣赏、感谢、支持、放手、身教、一起行动、赋予责任。

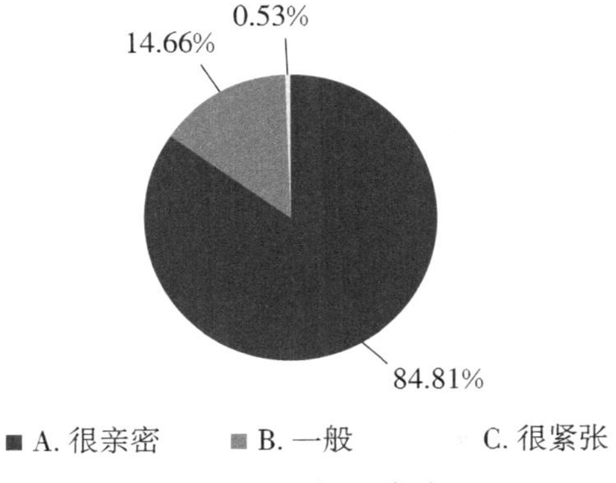

图1–4　亲子关系

六、父母与孩子之间的关系模式

从问卷调查结果结果来看，父母与孩子之间民主型的关系模式占83.19%，权威型的关系模式占9.66%，放纵型的关系模式占2.07%，溺爱型的关系模式占1.83%，其他关系模式占3.25%。天下父母千千万，爱孩子的方式也是各有不同。心理学家戴安娜·鲍姆林德对父母教养孩子的不同方式进行了四种类型的划分，即权威型父母、专制型父母、放纵型父母以及忽视型父母。也有人对父母对孩子的爱进行了四种不同类型的划分，即真爱、假爱、溺爱、缺爱。这四种不同类型的爱刚好与上述四种类型的父母相对应。权威型父母给予孩子的爱是暖暖的爱，也就是“真爱”；专制型父母给予孩子的爱是冷热不均的爱，也就是“假爱”；放纵型父母给予孩子的爱是一种烫烫的爱，也就是“溺爱”；忽视型父母给予孩子的爱是冷冷的爱，从而使得孩子处于一种“缺爱”的状态。

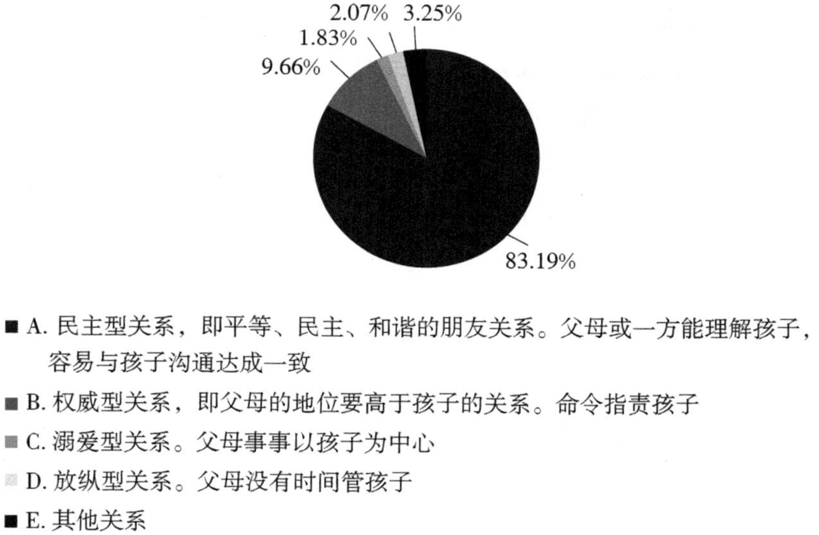

图1-5　父母与孩子之间的关系模式

专制型父母，又称独裁型父母，其教养方式是高“要求/控制”与低“接纳/响应”的结合。通常成人会提出很多规则，期望孩子能够严格遵守这些规则，却很少向孩子解释遵守这些规则的必要性，而是依靠惩罚和强制性策略（如权力专断或爱的收回）迫使孩子顺从。专制型父母不能敏感察觉到孩子的不同观点，而是希望孩子听话，尊重他们的权威。这是一种限制性非常强的教养方式。

放纵型父母的教养方式是低“要求/控制”和高“接纳/响应”的结合。这种类型的父母会纵容孩子，比较少地提出要求，允许孩子自由地表达自己的感受和冲动，不会密切监控孩子的行动，很少对孩子的行为作出强硬的控制。这是一种接纳且放任的教养方式。

权威型父母的教养方式是高“要求/控制”与高“接纳/响应”的结合。这种类型的父母会对孩子提出许多合理的要求，并且会谨慎地说明其理由，保证孩子能够遵从指导，他们会立下清晰的规矩并贯彻始终。与专制型的父母相比，权威型的父母能够更多地接纳孩子的观点并作出响应，也能够认识到并尊重孩子的观点，以合理、民主的方式来教育孩子。这是一种具有控制性但又比较灵活的教养方式。

忽视型父母的教养方式是低“要求/控制”与低“接纳/响应”的结合。这种类型的父母很少参与到孩子的成长中，他们或者会拒绝孩子的要求，或者由于过于关注自己的事情而对孩子投入极少的时间和精力，他们对孩子几乎没有规则与要求，对孩子的需求不予理睬或者不敏感。这是一种非常放任且具有较低要求的教养方式。

七、孩子的心情和谁说

问卷调查结果显示，孩子心情不好的时候，喜欢和母亲沟通的占47.57%，喜欢和父亲沟通的占21.79%，喜欢和爷爷奶奶沟通的占11.5%，喜欢和姥姥、姥爷沟通的占9.99%，喜欢跟其他人沟通的占9.15%。从中可以看出，父母是孩子倾诉的主要对象，尤其是母亲首先要做一个好的倾听者，善于走进孩子的内心，和孩子进行心得交流。但是很多父母因为工作原因把孩子交给爷爷奶奶或者姥姥姥爷代养，这样的做法是不合适的，可能会出现老人溺爱孩子、孩子和父母不亲的情况。尤其是孩子3岁前，0～3岁是孩子安全感建立的关键期，如果没有建立好，4～6岁是一个补救期。走进孩子的内心需要花费很多精力和耐心，建议父母在这个时期亲自带孩子，这样有助于孩子安全感的建立，而安全感对孩子非常重要。缺乏安全感的孩子常常表现为：特别黏父母，一刻也离不开；在家小霸王，在外小老鼠：害羞胆怯、唯唯诺诺；犯错后不肯认错，甚至逃避，拒绝道歉……父母应真心地去爱孩子，拥抱孩子，接纳孩子，营造和谐的家庭氛围。夫妻恩爱是孩子所有安全感的来源，也是一切教育的前提。此外，父母要提高自己的教育理念和水平，当孩子遇到问题向你倾诉的时候，你要很好地倾听，给孩子开导，让孩子解开心结，给孩子前进的力量，为孩子身心健康成长助力！

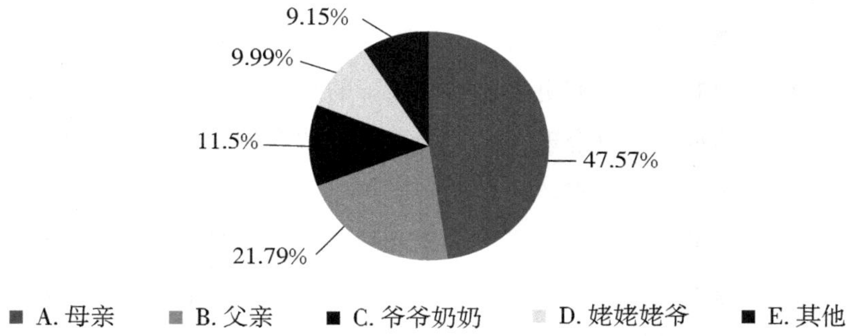

图1-6　孩子的心情和谁说

八、父母常用的教育方式

从问卷调查结果可以看出，父母常用的教育方式中，说服教育或讲道理的占43.39%；理解孩子的想法，然后进行引导的占27.2%；当孩子不听从命令时会偶尔打骂孩子的占23.55%；经常因孩子犯错误殴打或责骂孩子的占4.21%；经常因心情不好打骂孩子的占1.65%。从问卷调查结果可以看出，有些父母教育方式比较落后，用原来自己的长辈教育自己的方式来教育孩子，用简单的方式来进行家庭教育，要么讲道理，要么命令，要么打骂，可是这种简单的教育方式对现在的孩子来说并不是好的教育方法，孩子会因此觉得父母不会变通、固执，内心会对父母不服气，所以也就很难尊重父母，进而影响亲子关系。有的孩子甚至会因为父母的打骂而心理抑郁，走向无法挽回的道路。现在孩子自杀的现象有上升的趋势，其中很多并不是因为发生了特别大的危机事件，而是因为细沙性压力源，如父母骂孩子，使孩子长期处于担惊受怕的情绪状态，这种情绪一旦积累到一定程度，孩子就可能会想不开。

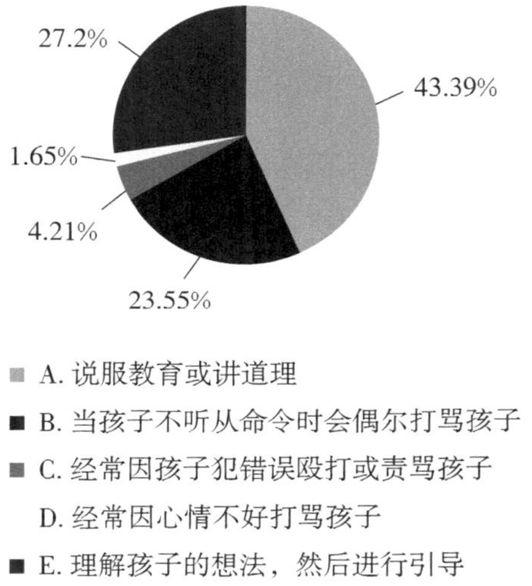

图1-7　父母常用的教育方式

神经科学家研究了一些经常面临各种刺激（包括长时间遭受牢骚抱怨）的人的大脑，研究发现，大脑的工作方式就像肌肉一样，如果让它接收到了太多负面信息，它就可能会按照消极的方式行事。更糟糕的是，长时间生活在抱怨环境中的人会变得愚蠢和麻木。

九、孩子常用的休闲娱乐方式

调查结果显示，在孩子常用的休闲娱乐方式中，和朋友一起玩的占32.67%，玩手机或电脑游戏的占27.32%，看动漫的占19.61%，和朋友在网络上聊天的占8.6%，其他情况占11.8%。从问卷调查结果可以看出，玩手机和看动漫的孩子还是占一定比例的，家长正确看待和引导孩子玩手机和看动漫是很有必要的。

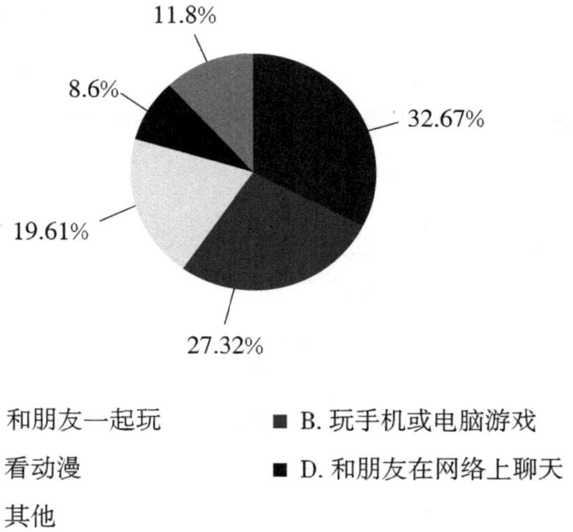

图1-8 孩子常用的休闲娱乐方式

十、家长比较注重孩子的哪些方面

从问卷调查结果可以看出，一半以上的家长比较关心孩子的身心健康，但也有近一半的家长更关心孩子的成绩。笔者认为，学习成绩固然重要，但比学习成绩更重要的是孩子的身心健康。

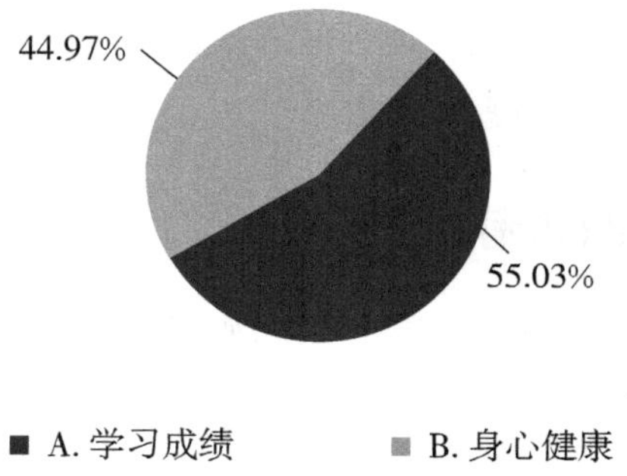

图1-9 家长注重孩子的哪些方面

十一、在教育孩子的理念或方式方法上父母的观点是否一致

从问卷调查结果可以看出，在教育孩子的理念或方式方法上父母观点一致的占86.97%，不一致的占13.03%。大部分父母的教育观点能达成一致，但有少数父母的家庭教育观念不太一致，而这种不一致对孩子的健康成长会有非常大的负面影响，情况严重的甚至会造成孩子产生双重人格，孩子不知道该听爸爸的，还是该听妈妈的，在爸爸面前是一个样，在妈妈面前又是另一个样。父母当着孩子的面相互质疑对方的教育观点，特别是发生争执，甚至彼此否定的时候，孩子会对父母产生怀疑，从而降低父母的威信，影响教育效果。同时，当父母教育观点不一致时，夫妻双方容易发生争执，甚至争吵，使家庭气氛变得紧张。孩子会觉得父母是因为自己而发生了争吵，从而就会产生自责，变得胆小、内向，进而影响心理健康。

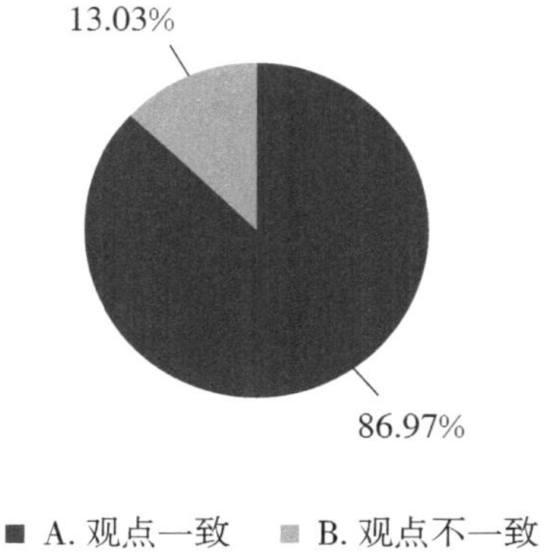

图1-10 在教育孩子的理念或方式方法上父母观点的一致情况

十二、在教育孩子的过程中遇到的困难

从问卷调查结果可以看出，在教育孩子的过程中，很多家长不知道用什么方法，也有很多家长尤其是青春期孩子的家长觉得不了解孩子，和孩子无法沟通，经常与孩子发生冲突。在现在这个飞速发展的时代，孩子发展得很快，我们家长要好好学习，学习先进的家庭教育理念，走进孩子的内心，了解孩子的需求，从而解决教育孩子过程中遇到的困难。

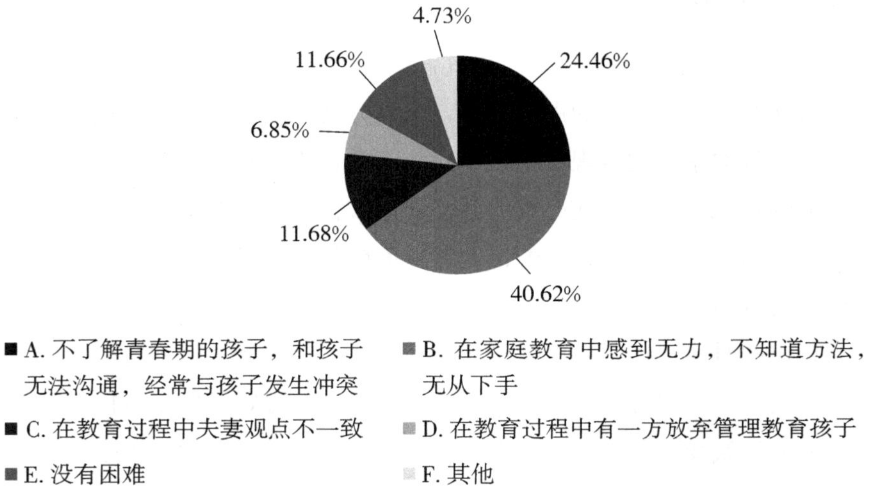

图1-11　在教育孩子的过程中遇到的困难

十三、孩子现在最让家长头疼的事情

从问卷调查结果看出，孩子现在最让家长头疼的事情，玩手机占50.42%，不学习占27.32%，和父母顶嘴占21.22%，打架占0.57%，谈恋爱占0.47%。玩手机、不学习、和父母顶嘴等都让父母头疼，尤其是玩手机。在平时的案例咨询中，很多家长说孩子光玩手机，不让玩不行，很伤脑筋。其实，关于孩子玩手机的问题，家长要正确地看待，聪明地处理。现在的孩子生活在信息时代，不让孩子玩手机是不可能的。随着互联网的兴起与普及，智能手机早已深入孩子的日常生活，成为孩子的生活必需品。在教育信息化背景下，智能设备在工作与学习情境中需求很大，使用智能设备有助于学生实现处处能学、时时可学。如何更好地引导孩子正确使用手机，不让孩子对手机上瘾，对家长是个考验。首先，家长要以身作则，不能自己整天抱着手机玩却不让孩子玩，这样孩子内心会不服。其次，家长要高质量地陪伴孩子，和孩子一起学习、一起阅读、一起玩、一起探索，这样也有助于增进亲子间的感情。再次，家长和孩子一起协商玩手机的时间，家长进行监督，这样孩子可以做到玩手机和学习两不误。最后，家长要真正关注孩子的心理需求，很多孩子对手机上瘾是在呼唤爱、表达爱，孩子自我价值感缺失是其玩手机的根本原因。如何让孩子在生活中找到自我价值，从而代替手机里的虚拟世界，也是家长们要探索的问题。

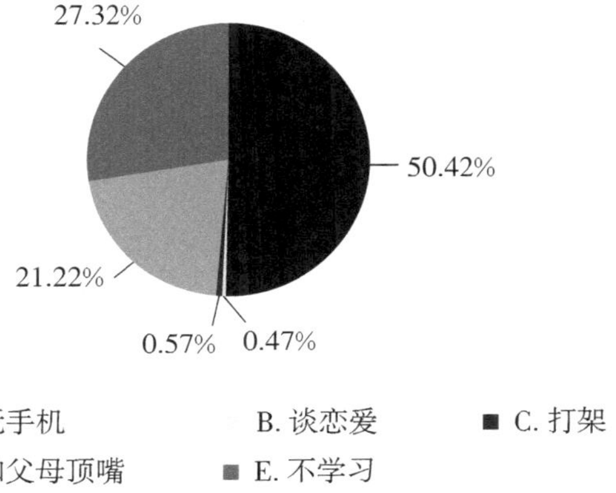

图1-12　孩子现在最让家长头疼的事情

十四、在家长眼中，孩子是否优秀

从问卷调查结果可以看出，在家长眼中孩子优秀的占57.21%，一般的占40.9%，不优秀的占1.89%。认为自己孩子不优秀的家长占比并不算少。当孩子还是婴儿的时候，他不会说话，但是妈妈会读懂他，能很准确地知道宝宝哭是因为饿了，宝宝哭是因为生病了，宝宝哭是想让人来陪，因为那个时候，爸爸妈妈和宝宝是一体的，爸爸妈妈是宝宝的替身。渐渐地，孩子长大了，会说话了，当孩子上了幼儿园、上了小学后，爸爸妈妈却读不懂孩子了，为什么呢？因为这时候爸爸妈妈的初心变了，他们比较关注孩子的成绩了，觉得孩子就应该听父母的，从而忽视了孩子的感受，表扬少了，拥抱少了，孩子也就跟着发生转变。其实孩子想得很简单：妈妈抱抱我，我就开心，因为我是妈妈的开心果；妈妈骂我，我就不开心，因为我是坏孩子，妈妈不喜欢；我从妈妈那里知道了我值不值得爱，我可爱不可爱，我是不是暖心的孩子，我是不是能干的孩子。孩子会从父母的眼中看到自己。所以，不管孩子在婴儿时期，还是在幼儿园、小学、初中、高中、大学时期，甚至在走向社会以后，父母都要相信自己的孩子是最优秀的，父母对孩子的肯定是对孩子最大的鼓励！

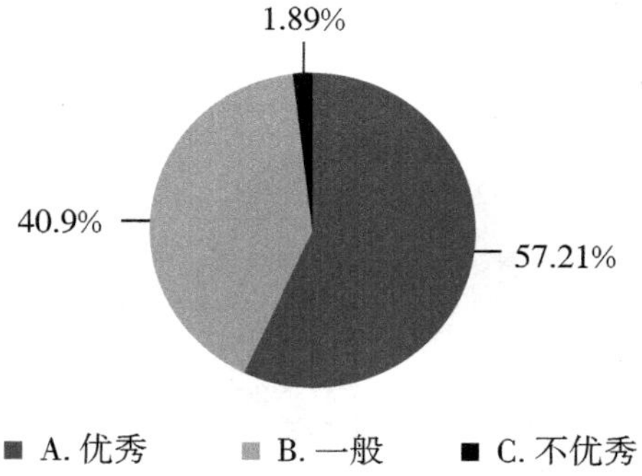

图1-13　在家长眼中孩子的表现

学生问卷调查结果分析

1. 在与家庭成员的互动中，你觉得谁比较理解你？（　　）

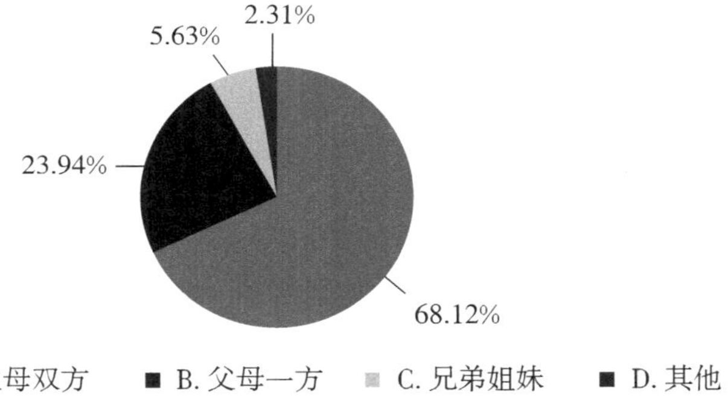

图1-14　谁理解孩子

从问卷调查结果可以看出，很多孩子的父母只有一方比较理解孩子，甚至有少数孩子觉得兄弟姐妹比较理解自己。对孩子来说父母的理解很重要，它可以让孩子有安全感、有信心。我曾经听过这样一个故事：有个16岁的女孩，从小和父母的关系不是很好，父母忙于工作，不太爱和孩子交流，经常命令式地对孩子进行教育，甚至会打骂孩子，孩子觉得在父母这里得不到温暖，父母不理解自己。直到有一天，这个孩子遇到了一个男孩，这个男孩对她很好，和她谈心，给她买好吃的，理解她，她觉得只有这个男孩对她好，所以对男孩说的话言听计从。后来这个女孩被这个男孩卖到了一个村里，再后来这个女孩被解救了，但她不恨这个男孩，因为她在男孩这里感受到了在家里无法感受到的温暖，得到了父母没有给予的理解和关心。看到这个故事后，我很心酸，也很无奈。如果孩子在家庭中能得到父母的关心，能得到父母的爱和理解，她也就不会走到这个地步。

2. 在你的成长过程中曾经给你较大积极影响的是（　　）

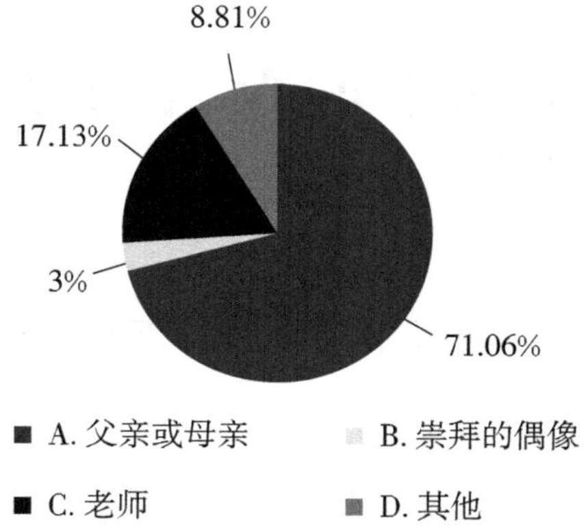

图1-15　给孩子积极影响的人

从问卷调查结果可以看出，父亲或母亲对孩子的影响比较大。确实，家庭是孩子的第一所学校，父母是孩子的第一任老师，父母的言谈举止会对孩子产生很大的影响，孩子都是看着父母的行为、听着父母的语言长大的。父母的一举一动孩子都记在心里，孩子也一直生活在父母的评价中，也会效仿父母的一些做法。身教大于言传，做父母的首先要注意正确发挥榜样的作用。比如，你不想让孩子玩手机，自己就得克制玩手机；你想让孩子养成读书的习惯，自己就得先养成读书的习惯；你想让孩子开朗、积极进取，自己就得先做一个开朗、积极进取的人；你想让自己的孩子做一个热爱生活的人，自己就得先做一个热爱生活的人。有个孩子因成绩不好被家长骂为“笨鸟”，孩子不服气地说：“世界上笨鸟有三种，一种是先飞，一种是嫌累不飞。”家长问：“那第三种呢？”孩子说：“这种最讨厌，自己飞不起来就在窝里下个蛋，要下一代使劲飞。”你的一言一行孩子都看在眼里。有的父母不孝敬老人，就会带给孩子不好的影响，孩子长大后也会不孝敬自己的父母。百善孝为先，我们要孝敬父母，弘扬中华民族的孝道文化，这样孩子才会孝敬我们。

父母的语言会对孩子产生莫大的影响，父母的知情意行都影响着孩子。有的父母总是抱怨社会不公，甚至在孩子面前说一些负能量的话，如国家哪个地方做得不好，哪个人做得不好，这样孩子也会像父母一样学会抱怨，就不可能快乐地成长。父母的语言影响着孩子的未来，父母要多用正向的语言，少用负向的语言，多夸奖孩子，给孩子自信。

3. 在与父母的互动中，下面哪种现象你最难以接受？（　　）

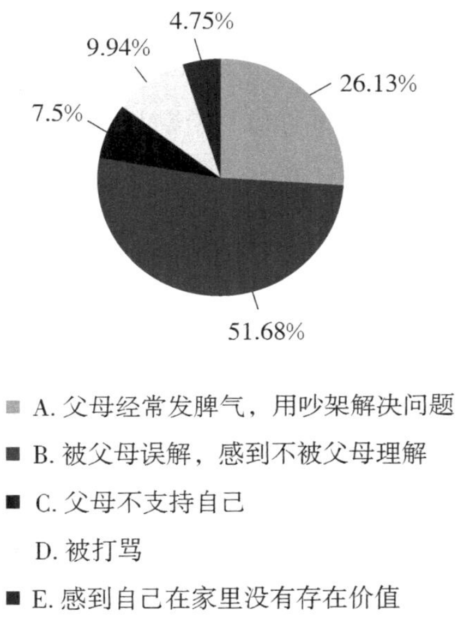

图1-16　孩子最难以接受的父母的行为

从问卷调查结果可以看出，在与父母的互动中，最不能接受被父母误解，不被父母理解的占51.68%；最不能接受父母经常发脾气，用吵架解决问题的占26.13%；被打骂的占9.94%；最不能接受父母不支持自己的占7.5%；最不能接受感到自己在家里没有存在价值的占4.75%。现在很多父母感觉孩子难管，用自己父母管自己的方法来管现在的孩子根本不起作用。其实我们应改变自己的教育观念，对于现在的孩子要善于用心，走进孩子的心里。当孩子出现问题时，不要一味指责、命令，而是应当蹲下身来，站在孩子的角度和孩子一起探讨问题，和孩子一起成长，从而助力孩子解决问题。

4. 你喜欢的沟通方式是（　　）

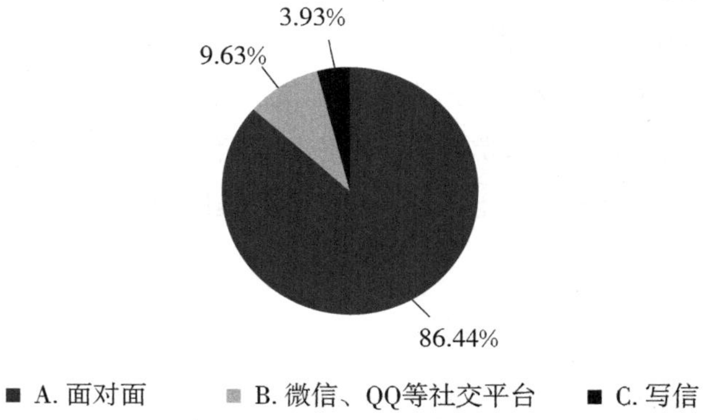

图1-17　孩子喜欢的沟通方式

从问卷调查结果可以看出，86.44%的孩子喜欢和父母面对面沟通。面对面沟通不仅能解决实际问题，还能让沟通双方彼此看到对方的表情、动作，并从语言中感受到力量。有的父母因为工作原因，一年回家一两次，只能和孩子通过电话、微信、写信等方式沟通，这降低了沟通的效率。家长应尽量抽出时间和孩子进行面对面沟通。

5. 在你与父母的交流中，你觉得最大的困难是什么？（　　）

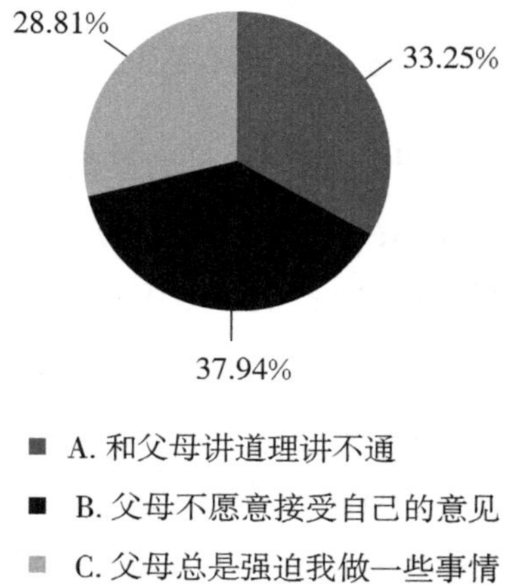

图1-18　与父母沟通存在的最大困难

从问卷调查结果可以看出，父母不愿意接受孩子意见的占37.94%，孩子和父母讲道理讲不通的占33.25%，父母总是强迫孩子做一些事情的占28.81%。亲子沟通中会出现很多问题，有时孩子的想法父母不接受，甚至孩子没说完就被父母打断，这样长时间后孩子就不愿意和父母说话。所以父母要和孩子进行有效沟通，听听孩子的意见是不是合理，是不是可行。美国知名主持人林克莱特采访一名小朋友时问："你长大后想要当什么呀？"小朋友天真地回答："嗯……我要当飞机驾驶员！"林克莱特接着问："如果有一天，你的飞机飞到太平洋上空时所有引擎都熄火了，你会怎么办？"小朋友想了想说："我会先告诉坐在飞机上的人系好安全带，然后我挂上我的降落伞跳出去。"当现场观众笑得东倒西歪时，林克莱特继续注视着这孩子，想看他是不是自作聪明的家伙。没想到，孩子的两行热泪夺眶而出，于是林克莱特问他说："为什么要这么做？"小孩的答案透露出一个孩子真实的想法："我要去拿燃料，我还要回来！！"现场刚才还笑得东倒西歪的观众此时都沉默了，因为他们这个时候才真正听懂了孩子的话。你听别人说话时，你真的听懂他说的意思了吗？如果不懂，就请听别人说完吧，这就是"听的艺术"。所以，当孩子和我们说他的想法时，我们不要急于否定，而要站在孩子的角度倾听孩子的意见。学会换位思考，从而真正听懂对方表达的深层含义，而不是想当然地认为是怎样的，认为对方说得没有道理，等等。我们在和孩子沟通的时候，要就事论事，而不是仅凭主观臆断对孩子作评判。

6. 父母比较关心你的（　　）

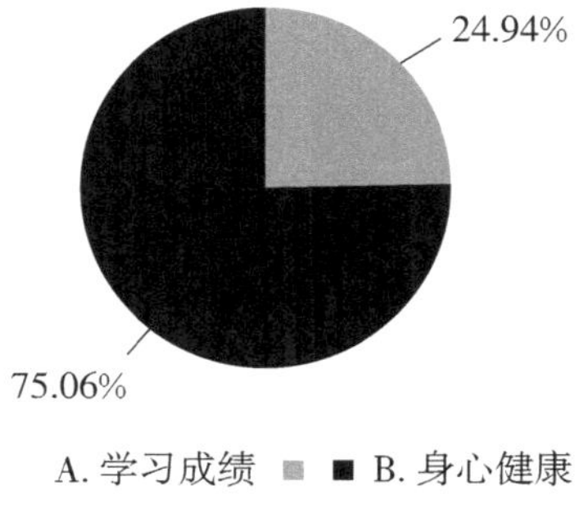

图1–19　父母关心孩子的哪些方面

从问卷调查结果可以看出，有75.06%的父母比较关心孩子的身心健康，还有24.94%的父母比较关心孩子的成绩。很多家长对孩子的期望高，有的家长把自己没有完成的心愿加在孩子身上，有的家长觉得孩子如果学习不好，考不上好大学，这辈子就完了，所以对孩子的学习要求特别严格。家长关注孩子的学习成绩是件好事，但只关心孩子的学习成绩就不足称道了，甚至是十分有害的。读圣贤书为何？相信很多人都会说，做一个对社会有用的人。然而，若没有健全的人格、健康的心理，成绩再好又有何用？有专家指出，将来的竞争不在于智商，而在于情商。所谓情商即调控情绪、对抗压力、懂得沟通的能力。因此，以成绩为纲有害无益。

7. 你渴望父母认可你、看到你、肯定你、赞赏你吗？（　　）

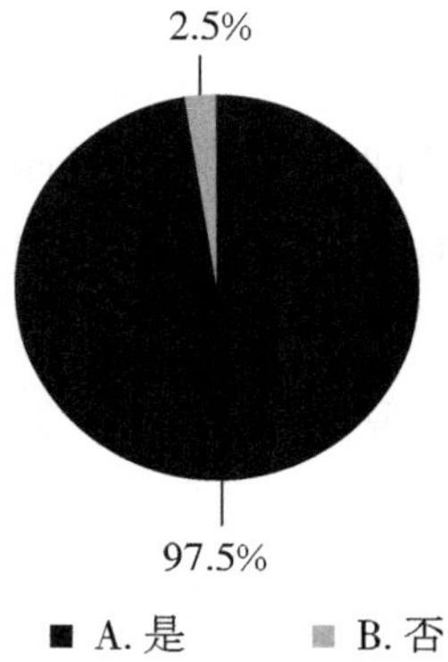

图1–20　孩子是否希望得到父母的认同

从问卷调查结果可以看出，有97.5%的学生渴望被父母认可、看到、肯定、赞赏。在孩子的成长过程中，父母的肯定、认可能给孩子带来无穷的动力和信心。只是很多家长忽视了这一点，总会拿自己家的孩子和别人家的孩子比较，动辄就说："要不是为了你，我怎么会这么辛苦。你看看人家，又听话成绩又好……"家长的担忧可以理解，他们认为在这个迅速发展的社会，没有知识和学历是会吃亏的。所以为孩子的前途担忧，就会拿自己的孩子和别人家的孩子比较，觉得自己的孩子不如别人家的孩子，就很少表扬自己的孩子，却不知此举给孩子造成了巨大的心理压力。有个初一的孩子因为没有考好，被父母数落，一气之下，从八楼跳下，造成了无可挽回的后果。

孩子考试考了99分，有的父母说：你那1分怎么丢的？”其实这个时候如果父母这样说：“宝贝，你考了99分，真棒，我们一起看看那丢了的1分是怎么回事好吗？”这样既表扬了孩子，又和孩子一起找到了丢分的原因，孩子会很开心。每一个努力的孩子都应该得到肯定，因为努力本身就是一种收获。

还有的家长在朋友面前会批评自己的孩子，因为家长觉得在朋友面前夸奖自己的孩子会不好意思。其实，如果孩子长时间得不到父母的肯定和认可，孩子的大脑就会感觉到这是一种威胁，从而自发地进行抵御，这种抵御主要表现为三种形式：有的孩子会辩解，不认同你的观点，从而成为反抗型的孩子；有的孩子会撒谎，因为说实话会遭到批评，从而成为阳奉阴违型孩子；有的孩子假装没听见，你爱说什么就说什么，我就当耳旁风刮过就好了，从而成为无所谓型的孩子。而得到父母的肯定和赞扬的孩子，会更有自信，更有勇气面对生活中的困难和挑战。

积极家庭教育理念

笔者十多年来一直从事心理健康教育工作和家庭教育工作，作为专职心理老师和心理健康教研员，目前已做了近三千例的个案咨询，总结出孩子玩网络游戏上瘾、早恋、打架、离家出走，甚至抑郁、轻生等问题的根源多来自原生家庭。笔者也是济南市未成年人关爱热线的接线员，工作期间，发现热线有70%是家长打进来的，很多家长反映孩子不听话、不喜欢学习、亲子关系紧张等。在教育孩子时遇到困惑和烦恼已成为众多家庭的常态。

从前面的家长问卷和学生问卷中不难看出，现在的孩子出现了很多心理问题。清华大学彭凯平教授总结了现在全国中小学生“四无”的心理：学习无动力，老被老师、家长逼着学习，厌学情绪多，认为学习没意义；对真实世界无兴趣，大量时间在网络游戏中度过，断网就闹自残自杀；社交无技能，不知道如何跟人沟通、交流、合作，宁可跟机器人动感情；认为生活无意义，不知道活着干什么、为什么、图什么，枯竭感提前到来。其实孩子出现的这些心理问题大都是家庭中某个链条出现问题导致的。家庭教育已经是一个世界性的课题，需要我们进行深入研究。

对家庭教育的界定，之前往往以社会化的单向模式开展，即强调父母对子女的教导和培育。然而，该概念习惯性地将教育者的角色限定为父母或长辈，对家庭教育的无序性缺乏足够的认知。家庭中的伦理是一种动态的社会系统，父母与子女之间的关系是动态互动的双向模式。同时，人们容易忽视家庭教育中的环境效应，即忽略家庭环境对个体成长的影响。因此，有学者提出，家庭教育是所有家庭成员之间相互提供的各种互相影响的学习活动。

目前我国的家庭教育，家长们基本上都是单兵作战，家长遇到问题才会想到求助或者去寻求解决的办法，而缺少从低年级到高年级整套的家庭教育指导体系，所以家庭教育显得零散、不够系统。其实对于学生来说，他们需要学习获得本领、提高能力，而家长同样需要不断学习才能适应当代学生的发展变化。所以，要完善家庭教育课程体系，提高家长的教育理念，将家庭教育提升到新的高度。

习近平总书记在2015年春节团拜会上指出，“我们都要重视家庭建设，注重家庭、注重家教、注重家风”。家庭是孩子生命的摇篮，家庭是孩子认识社会、认识世界的窗口，家庭是孩子获取人生幸福的源头。家庭教育是孩子生命成长的教育，是“根”的教育，是“心灵”的教育，只有“根壮”“心灵好”，才能“枝粗叶肥”。

教育部《关于加强家庭教育工作的指导意见》指出：家长要不断提升家庭教育水平，要全面学习家庭教育知识，系统掌握家庭教育科学理念和方法，增强家庭教育本领，用正确思想、正确方法、正确行动教育引导孩子；不断更新家庭教育观念，坚持立德树人导向，以端正的育儿观、成才观、成人观引导孩子逐渐形成正确的世界观、人生观、价值观；不断提高自身素质，重视以身作则和言传身教，要时时处处给孩子做榜样，以自身健康的思想、良好的品行影响和帮助孩子养成好思想、好品格、好习惯。父母要用积极心理学的理念进行家庭教育，因为积极心理学要求一种更加开放的、欣赏的眼光去看待人类的潜能、动机和能力等。它倡导人们要用一种积极的心态来对人的许多心理现象和心理问题作出新的解释，并以此来激发每个人自身所固有的某些实际的或潜在的积极品质和积极力量，从而使每个人都能顺利地走向属于自己的幸福彼岸。

《中华人民共和国家庭教育促进法》于2022年1月1日起实施。这标志着家庭教育全面纳入法治实施轨道，国家对家庭教育的重视发生了质的飞跃，标志着家庭教育真正由传统“家事”上升为新时代的重要“国事”，标志着家庭教育非常明确地成为教育行政部门必须直接抓、牵头抓的重要工作。本法明确界定了家庭教育是指父母或者其他监护人为促进未成年人全面健康成长，对其实施的道德品质、身体素质、生活技能、文化修养、行为习惯等方面的培育、引导和影响。家庭教育以立德树人为根本任务，培育和践行社会主义核心价值观，弘扬中华优秀传统文化、革命文化、社会主义先进文化，促进未成年人健康成长。本法还指出，未成年人的父母或者其他监护人实施家庭教育可以运用一些适当的方法。

现在一些孩子的心理问题越来越严重，大约2010年的时候，我做咨询的对象是高中生，后来是初中生，近几年尤其是新冠肺炎疫情之后，我做咨询的对象逐渐到了小学生，甚至是幼儿。我经常在思考，孩子的心理问题到底出在哪里？我想有学校的原因，有孩子自己的原因，也有家庭的原因，且家庭的原因往往是最主要的。我经常思考，如何从源头上阻断孩子心理问题的产生？我觉得首先要改变家长的教育理念，家长要用积极心理学的理念进行家庭教育。人类的某些优势可以抵御心理疾病，学生积极心理品质的培养是提升其心理健康的重要途径。拉希德和赛利格曼在《积极心理学治疗手册》一书中详细讲述了以下六大美德、二十四项品格的优势。①智慧和知识：创造力、好奇心、思维开放性、好学、洞察力。②勇气：真诚、勇敢、坚持、热情。③仁慈与爱：友善、爱、社会智能。④正义：公平、领导力、团队精神。⑤修养与节制：宽容、谦虚、谨慎、自律。⑥灵的超越：审美、感恩、希望、幽默、信仰。很多研究指出，积极心理品质和孩子心理健康水平有显著的关系，一个有创造力的孩子不会轻易被生活中的困难挫折打倒，他会创造性地解决问题；一个有好奇心的孩子不会轻易厌学，不会轻易厌世。所以，我们家长要以积极心理学的理念为指导，培养孩子的积极心理品质，从而提升孩子的心理健康水平，预防心理问题的产生，提升幸福指数。

第二章

读懂孩子

读懂孩子行为背后的心理需求

心理学上有个冰山理论，它指一个人的“自我”就像一座冰山一样，我们能看到的只是水平线上很小的一部分（行为），而更大一部分的内在世界却藏在更深层次，不为人所见。冰山理论包括行为、应对方式、感受、观点、期待、渴望、自我七个层次。揭开冰山的秘密，我们会看到生命的渴望、期待、观点和感受，看到真正的自我，学生的行为只是露在外面的冰山上的一角，他们产生问题行为的原因有很多，和他们的家庭有着千丝万缕的联系，这种联系有可能会影响他们的一生。

图2-1　冰山理论

现在，青少年行为（心理）问题主要表现为焦虑、抑郁、学习动力下降、厌学、对手机成瘾、亲子冲突、非自杀性自伤、自杀。青少年不良行为的目的一般有四个：寻求过度关注、报复、寻求权力、自暴自弃。当孩子出现不良行为的时候，先不要去盲目指责，而是要探究孩子出现这些问题的真正原因是什么。家长要接住孩子、陪伴孩子、助力孩子！

接住孩子，就是接住孩子的情绪、需求。当孩子的内在动力系统逐渐消失时，他整个人的状态就会要么萎靡不振，要么情绪不稳定，一点就着，这时我们需要做的就是接住孩子，让孩子的情绪不再恶化下去，先找到孩子焦虑的真正原因。以如下情景为例。

孩子说："我不想写化学作业了，作业太多，别的同学都这样。"对此家长只是责备说："不写作业怎么行呢！"孩子啪地关门，因为他认为自己不被理解，他内心的东西没有被看到。事实是孩子考得不好，有情绪，所以通过不写作业来发泄对化学老师的不满。每个人的行为都受情绪的影响，情绪不断积累，终有一天会爆发，所以要让孩子的情绪在合适的情况下得到宣泄。

一次有个朋友找到我，向我诉苦，她儿子上五年级了，她说那天孩子被老师批评，正好她下班回家，想和孩子说说话，一进孩子房间的门，孩子就说让她出去，她当时就想：这孩子怎么这样，这还没长大呢，长大了还得了，他太不了解我的苦心了。她的情绪一下子被带上来了。我帮她分析了一下：其实孩子吼的背后有更深的需求，孩子在学校受到打击，受到了老师的批评，心里很难受，她进门的时候，他正好处于一种激烈的反应状态中。父母对他来说是有安全感的，父母一进来，他的情绪就爆发出来了，他的需求就是被认可。如果这时候发生冲突，就错失了探索孩子更深层次需求的机会。可以坐下来跟孩子聊聊今天发生了什么，倾听一下孩子内心的声音。果然，她回去这样做后，和孩子有了很好的沟通。通过倾听能更好地找到孩子的需求。

鲁道夫·德瑞克斯（现代派儿童心理学奠基人，美国著名儿童心理学家、教育家）指出，青少年动力系统的两大核心是归属感和价值感。孩子动力系统消失，就是归属感和价值感消失，就会觉得自己不够好。孩子归属感、价值感消失时的四种表现：寻求过度关注、寻求权力（斗争）、报复、自暴自弃。

寻求过度关注。有一次，我们几个同学聚会，都带着孩子，非常热闹。

有个同学的孩子正好处在青春期，他穿的衣服比较有个性，牛仔裤上有四个大洞，手腕上戴着一块名牌手表，头发染成彩色，让人感觉非常时髦。他妈妈说他学习不好，整天这样，真是很烦。但我是理解的，他其实是在寻求过度关注。这个孩子在学习方面得不到归属感、价值感，在人多的时候，他会用哗众取宠的方式让外界关注自己，并通过这样的行为来寻求价值感和归属感。假如这时父母和孩子争吵，父母让孩子把衣服脱了，把头发剪了，可能会和孩子激化矛盾，因为这时孩子内心的需求是：爸爸妈妈请注意我，我很棒。当父母知道了孩子的心理需求之后，可能就会理解孩子了。

寻求权力（斗争）。当你给孩子选择权，让孩子做主的时候，你会发现孩子会自动从权力斗争中退出来，因为他的需求是：请给我选择权，让我来做主。

给大家讲个故事吧：亚瑟王快被人灭国了，对方派人告诉他，只要他回答一个问题，对了就放过他。问题是：女人最想要的是什么？亚瑟想不出来，但是后来有人告诉他有个巫婆很厉害，让他去问巫婆。巫婆答应帮他，但是要求跟他手下十二圆桌骑士中最帅气的一个结婚，亚瑟很犹豫，因为那个巫婆是个奇丑无比的老女人。那个骑士听说以后，自己跑去跟巫婆说答应娶她。然后巫婆跟那个国王说，女人最想要的是把握自己的命运。

在结婚当天，骑士很不情愿地走进新房，却发现一个绝世美女在等他。那个美女告诉骑士，她就是巫婆，但是她每天只能有一半时间是美女形态，另一半时间是丑女形态。她问骑士，究竟是想白天带着美女出现在朋友面前，晚上面对一个丑陋的巫婆，还是白天带着丑陋的巫婆出现在朋友面前，晚上面对一个美女呢？骑士想了很久，说，女人最想要的是把握自己的命运，我把自主权交给你。巫婆听了很高兴，决定以后一直用美女形态出现。

每个人都希望拥有自己的自主权，孩子也一样。当孩子缺乏归属感、价值感，发现自己退步，自己的力量感又很轻，家长又强势时，孩子就会和家长“唱反调”。孩子特别反感父母和老师的安排，表面说行，但就是不行动。他会这样想：好啊，你说可以就可以，但我就是不去做。这时老师和家长会觉得受到了挑战，会很生气，会有挫败感，这就很容易与孩子起冲突。

这时如果家长能看到孩子背后的情感需求——“请让我选择，让我做主”，孩子就不会再这么做了。

报复行为。孩子考得不好，价值感、归属感就无法实现，这个时候，一旦被父母触动，孩子就可能对父母进行报复，因为孩子知道这种报复的代价是最低的。孩子很清楚父母的伤口，会说一些很难听的话来刺激父母，这时候父母会伤心、难受、失望，会对孩子产生憎恶的情绪，双方的报复不断上升，最后会从语言的报复发展到行为的报复，甚至有的孩子会和父母打起来。这时候，如果家长知道孩子背后的情感需求是：爸爸妈妈，我很伤心，请你们认可我的感受，我现在已经很难受了，家长就会从报复的行为中撤出来，给孩子认可，让孩子也从报复行为中撤出来。

自暴自弃。孩子在报复的时候是有能量的，但当他挣扎得很辛苦时，他就会自暴自弃，不想去上学，没有动力，什么都不想做，谈到学习就很消极，没有改进行为，经常说“别管我，我就是一个没有价值的人，我做什么都失败”之类的话，没有价值感、归属感深深地烙在了他的内心。这时候父母往往会有绝望、无助、无能为力的感觉。其实孩子自暴自弃背后的需求是：爸爸妈妈，我撑不住了，请告诉我如何迈出一小步。他其实是想告诉家长：能不能领着我走出一小步来，这样我就知道该怎么走了。笔者想提醒家长，当我们知道了孩子背后的需求时，就会知道如何支持孩子。

有个孩子父母离婚，本应上初二，现在却辍学在家，每天点外卖，不知道自己的目标是什么，有种自暴自弃的苗头。他妈妈没有放弃他，他绘画好，妈妈就给他报了绘画班，他在绘画班里认识了一个小伙伴，他们还挺聊得来，渐渐地孩子脸上多出了笑容。后来他通过走绘画特长考上了专科。妈妈的不放弃带着孩子一步步走向了成功。

所以，父母如果能读懂孩子行为背后的需求，就会有一种释然的感觉，孩子也会多一分安全感。

善用南风效应与青少年沟通

很多家长反映，感觉孩子到了青春期不听话了，不仅不听话，还和父母顶嘴，没完没了地玩手机，不和父母交流，不写作业，谈恋爱，等等，真的是束手无策。

大部分青春期的孩子不喜欢甚至拒绝和父母沟通，这种情况是正常的。遇到这种情况父母该怎么办呢？

先跟大家分享一下什么是南风效应。南风效应也称温暖效应，源于法国作家拉·封丹的一则寓言故事：北风和南风比威力，看谁能把行人身上的大衣脱掉。北风冷风凛凛、寒冷刺骨，结果行人为了抵御北风的侵袭，便把大衣裹得紧紧的。南风则徐徐吹动，顿时风和日丽，行人觉得温暖，始而解开纽扣，继而脱掉大衣，南风获得了胜利。故事中南风之所以能达到目的，就是因为它顺应了人的内在需要。这种因启发自我反省、满足自我需要而产生的心理反应，就是“南风效应”。

在家庭教育中，有的家长在和孩子交流的时候，总是用指责的口吻，或者命令的口吻，像北风一样，态度比较强硬，这时候孩子的心是不会敞开的，甚至会因此紧紧关闭。我们要向南风学习，和孩子沟通的时候心平气和。每个人都希望被看见、被理解、被接纳、被认可，如果父母理解孩子、接纳孩子、认可孩子，在和孩子沟通的时候能站在孩子的角度来看待问题、分析问题，孩子是会很开心的。

面对青春期的孩子，家长最重要的是要接纳孩子的一切。处于青春期的孩子身体发育很快，个子突然长高，他们觉得自己已经长大了，想要自主权，但其实他们的心理还是有待发育的。而且从脑科学来说，人感知情绪的杏仁核在15岁左右的时候就发育成熟了，而控制情绪的前额叶在25岁左右时才发育成熟，前后有近10年的差距。青春期的孩子能清楚地感受到喜怒哀乐惧的情绪，但却控制不了，这个时候父母就要接纳孩子，耐心陪伴孩子度过这样一段特殊的时期，要学会理解和倾听孩子的内心需求，尽量避免与孩子发生冲突，避免方法、言辞不当导致孩子产生逆反心理，引发孩子的抵触情绪。如果发生语言冲突，家长一定要冷静，主动停止争辩，采用一系列的方法先控制好自己的情绪，待双方冷静后再来开导孩子，这样效果会好得多。家长不要吝啬自己的赞美，利用赞美缩短与孩子之间的心理距离。每个孩子都希望得到父母的赞扬，当孩子考试进步了，家长给一个发自内心的语言赞美，或者买个礼物奖励一下都是不错的，这样能激发孩子的自信。

在这个终身学习的时代，家长也要好好学习，及时充电，带着兴趣去了解孩子的世界。

给孩子想要的

曾有一个女孩子来找我，她在济南上了三年学，三年期间，只回家了三次，而且不想家。女孩子自述：我觉得我爸爸妈妈不配做父母，我上小学五年级的时候，我妈妈怀孕了，怀孕后就通知了我一声，说“给你生个弟弟或妹妹，你俩以后有事可以商量”。其实我当时特别不希望他们要二孩，甚至我都想过，如果我妈妈能流产就好了。他们没有跟我商量，只是通知了我一声。妹妹出生后，爸爸妈妈就把精力都放到了妹妹身上，还经常夸妹妹长得好看、有福、以后是个大官等。我心里特别难受，有一种被抛弃的感觉。我开始不愿意学习，后来高考没考好，爸爸妈妈就说我不努力，但他们不知道我为什么不喜欢学习了。他们只是说给你吃的、穿的，你自己不努力，怪谁呢！而且考大学时，我报考志愿他们都不管，让我自己处理。平时我和父母很少沟通，现在23岁了，妈妈竟然说我以后在哪儿出嫁都行，远点也没关系。我感觉和父母真的没有感情，他们没有知识，根本不知道怎么教育孩子，也不知道怎么和孩子沟通。

是呀，父母是世界上比较容易做的角色，只要生个孩子就可以当父母了。当教师要有教师资格证，当医生要有医师资格证，而当父母不需要任何证书。可是当好父母却是一件非常不容易的事情，父母的认知水平、教育理念、教育水平决定着孩子一生能否幸福。

很多父母仍然用自己小的时候父母教育自己的方式来教育今天的孩子，然而时代不同了，孩子们也在变化。我们小时候那个年代，人们主要是追求物质方面的东西，孩子能吃饱穿暖就不错了。那时候，每个家庭都有几个孩子，几个孩子可以一起玩，还有很多伙伴，放学后就会有一群小伙伴一起玩耍，跑啊、跳啊、玩泥巴、玩石子，直到天黑看不见人影了，才会依依不舍地回家，好不快活。而现在社会物质条件充足，人们越来越追求精神方面的满足，而且现在的孩子大多是独生子女，在家没有兄弟姐妹一起玩，只能让父母陪着玩，可父母忙于自己的工作，没空陪孩子，于是就给孩子手机玩，这就造成了孩子对手机的依赖。现在一些孩子由老人照看，放学后各自回家，周末上各种辅导班，很少有小伙伴，根本体会不到童年的快乐，于是很多孩子出现了抑郁，这时家长的作用就显得尤为重要。家长要多关注孩子内心的需求，多倾听孩子内心的声音，当孩子放学回家聊学校事情的时候，家长要认真倾听，及时反馈，要多和孩子沟通交流，和孩子建立一种朋友式的关系，做孩子心灵的守护者。

很多父母也很困惑：哪个父母不爱孩子啊？为什么孩子总是和我对着干？其实主要是父母给的不一定是孩子想要的。如雪莲需要寒冷的冰雪，我们给予它的不应是温暖；苔藓需要阴凉的潮湿，我们给予它的不应是太阳普照；杜鹃需要的是酸性土壤，我们给予它的不应是碱性的土壤。爱孩子就用孩子喜欢的方式，而不是用我们喜欢的方式去爱。感受到孩子的感受，满足孩子的需要。

小羊和小狗是好朋友。一天，小羊请小狗吃饭，它准备了一桌鲜嫩的青菜，结果，小狗勉强吃了两口，就再也吃不下去了。小狗想：“小羊真吝啬，饭桌上连肉都没有，我可不能学他！”过了几天，小狗请小羊吃饭，小狗准备了一桌上好的排骨，小羊一口也吃不下去，小羊想：“小狗只想到自己，根本就没想到我不吃肉，这不是故意难为人吗？”从此，小羊小狗都心存芥蒂，关系越来越疏远了。

很多父母就像这个故事里讲的一样，给孩子的都是父母自己想要的，而不是孩子想要的。所以我们要和孩子沟通，看看孩子真正需要的是什么，给孩子想要的才是真的爱孩子。

就像来咨询的那个女孩一样，父母根本不了解她。如果父母生二孩的时候能征求一下她的意见，如果父母在老二出生了以后能和以前那样多关注她的感受，多和她沟通交流，不让她产生被抛弃的感觉，她也就不会像现在这样。

教出乐观的孩子

幸福是每个人追求的终极目标。要幸福，首先要成为乐观的人。你乐观吗？如何才能培养出乐观的个性？如何让孩子从小培养乐观的性格？答案就在《教出乐观的孩子》一书中。书中，塞利格曼提出，乐观这种优秀的性格品质也可以通过后天习得。

塞利格曼1967年在研究动物时提出习得性无助，他用狗做了一项经典实验。起初，他把狗关在笼子里，只要蜂音器一响，就对狗进行电击，狗被关在笼子里逃避不了电击，只能忍受痛苦。多次实验后，在进行电击前，他先把笼门打开，蜂音器一响，还没有电击呢，狗就倒在地上开始呻吟、颤抖。狗本来可以主动逃避，却因害怕再次遭受痛苦而放弃了努力，这就是习得性无助。

大象小的时候被主人用一根很细的铁链拴在柱子上，起初它也进行过挣扎。当它经过多次挣扎都挣脱不了链子的束缚时，它就觉得自己永远也挣脱不了链子，无数次的失败让它产生了“我不行”的想法。当它长成数吨重的大象的时候，它有力量自己挣脱链子，却没有再挣脱的勇气。

习得性无助，简单说就是人一旦经常多次受挫，就会认为努力无用，于是惯性放弃。人在遭受多次挫折的状况下，也会出现类似的情况：放弃努力，不敢尝试，成为一个习得性无助的人。由此我想到是不是很多孩子也存在习得性无助呢？这让我想到之前接到的一个案例：一个8岁女孩的妈妈打来电话说让我跟孩子聊几句。

我：“你好，你有什么想说的吗？你喜欢在家上网课吗？”

女孩哭着说：“还行。我不小心没有达到妈妈的要求，妈妈就打我，妈妈不爱我，妈妈不温柔，妈妈打得我很疼，妈妈用酒精给我的手消毒了，很疼，我想静一下，睡一觉静一下。”

孩子妈妈说：“孩子玩了一下午的手机，我没忍住，打了她，把她的手背都打出血了，我给她消了毒，应该很疼。我平时都是隔很久才打的，基本不夸奖孩子。孩子经常问我：‘妈妈，你爱我吗？’‘妈妈，你是不是不爱我？’家里还有个妹妹，孩子曾经跟我说过：‘妹妹是你的小宝贝，我什么都不是。’在别人的眼里，她是个好孩子，邻居都夸她听话、懂事。”

孩子写不完作业，妈妈就打，即使进步了也得不到妈妈的夸奖。而且妈妈比较疼爱妹妹，孩子不管怎么努力都得不到妈妈的认可，久而久之形成了习得性无助，表现在行为上就是不写作业、不学习。

妈妈也可以把习得性无助变成习得性乐观，多关注孩子美好积极的一面，如看到自己的孩子乐于助人、热心等美好品质。关于手机，可以和孩子制定规矩，是可以控制好的。家长要改变自己的想法，进而改变自己的做法，用乐观的态度面对孩子的成长变化。

《教出乐观的孩子》中提到一个案例：塔玛拉7岁时，体重比其他同龄的女孩重许多，并且不像周围其他小孩那般手脚灵活。她母亲为她报名参加芭蕾舞课，以帮助她学习活动的技巧。塔玛拉的母亲教她如何对抗抑郁，塔玛拉得到了她自己的乐观理论。塔玛拉的母亲理解塔玛拉的失望，并且教她坚强并主动地解决问题，而不是为了让塔玛拉高兴而歪曲事实，她同时教导塔玛拉以乐观、正确的方式来解释自己面临的失败。

塔玛拉：“今天不顺利，其他女孩跳得比较好，我一直摔倒，她们都没有。哈肯老师教我们怎样用单脚跳及如何优美地舞动手臂，可是我一直绊倒，而且我的手动起来不像老师教得那样好看，我好难过。”

妈妈：“你今天不顺利，我也很难过。我知道当你觉得自己比不上其他女孩时，你心里一定不好过。有时，妈妈也会觉得失望，如上班时，所做的事没有我想象中的好。你知道我那时怎么办吗？我尽量努力改进，大部分工作在我继续努力后都会做得比以前好。我有个主意，让我们去找哈肯老师，请她也教我舞步，然后我们回家后就可以一起练习，我相信只要我们努力练习，你上下一堂课时，就一定会做得比以前好，你觉得怎么样？”

心理学家罗森伯格认为，沟通时有四个要素：一定要观察事实，一定要表达感受，一定要说出想法，一定要提出要求。而很多时候沟通不当，往往是暴力沟通的四要素——批判、苛责、埋怨、推卸责任造成的。

所以，就像无助感可能是习得的一样，乐观也是可以学会的。我们要做乐观的父母，把习得性无助变成习得性乐观，让自己成为一个乐观的人，成为一个幸福的人，从而也带出乐观的孩子。乐观的孩子一般都成绩好，乐观造就赛场冠军，乐观的孩子身体不容易生病。我们可以结合ABCDE理论，通过不断练习，让自己形成习得性乐观。

A是Adversity，就是你会面临的挫折事件。

B是Belief，就是面对事情时你的态度和想法。

C是Consequence，就是你会采取的行动或后果。

D是Disputation，就是跳脱出来，反思其他可能性，进而跳出习得性无助的轮回。

E就是Energisation，就是让自己充满希望和力量，而这正是改变的最佳时机，只要采取行动，就能够运用这个力量进行改变。

简单地总结这个过程，包括下面五个步骤：

1. 识别挫折，面对挑战。

2. 正视自我，直面成见。

3. 不要放弃，采取行动。

4. 跳脱出来，换个想法。

5. 形成正念，促进改变。

试着读懂孩子

在学校中，很多学生出现了一些问题，如厌学、沉迷手机、打架、早恋等。很多家长为此感到非常头疼，弄得家庭一地鸡毛。很多家长问我：“曲老师，怎么办？有没有办法让孩子走上正轨？”其实，要想避免这些问题，我们首先得读懂孩子，读懂孩子的行为背后真正的心理需求是什么。

一、埃里克森人格发展阶段论

（一）婴儿期（0～1.5岁）：基本信任和不信任的心理冲突

不要认为婴儿像一个不懂事的小动物，只要吃饱不哭就行，这就大错特错了。婴儿期是基本信任和不信任的心理冲突期，因为这期间孩子开始认识人了，当孩子哭时，父母要及时回应，和宝宝建立信任感。信任在人格中形成了“希望”这一品质。埃里克森把希望定义为“对自己愿望的可实现性的持久信念，反抗黑暗势力、标志生命诞生的怒吼”。

所以在婴儿早期要建立安全型依恋。安全型依恋即每当孩子对亲近、舒适和安全有所需求时，照顾者就对这些需求作出反应。孩子是自主的，成人也是自主的，父母的教养方式是回应型的，则家庭风格的适应性较强。拥有安全依恋的家庭中成员们的关系更加灵活，更富适应性。因此，构建积极亲子关系应基于安全型依恋。在现实生活中，时常可以看到这样的场景：工作了一天，爸爸觉得疲惫不堪，让妈妈去面对哭闹的孩子，妈妈觉得自己已筋疲力尽，希望爸爸帮忙，两人将与孩子的互动当成一个难题或者繁重劳动而相互推诿；或父母都有繁忙的工作，将孩子交给祖辈和保姆，对育儿事情缺乏最基本的交流和参与，错失了见证孩子成长以及建立安全型依恋的最佳时机，从而影响了孩子积极情绪情感的形成。

（二）儿童期（1.5～3岁）：自主与害羞（或怀疑）的冲突

这时期父母与子女的冲突很激烈，也就是第一个反抗期的出现。只有把握住“度”的问题，才有利于使儿童形成意志品质。埃里克森把意志定义为“不顾不可避免的害羞和怀疑心理而坚定地自由选择或自我抑制的决心”。

例如，孩子吃饭时因为拿勺子不稳定会弄得满桌子甚至衣服上到处都是饭，这时候家长不要批评孩子，要给孩子讲解和示范如何使用勺子，让孩子学会自主学习。

（三）学龄初期（3～5岁）：主动对内疚的冲突

在这一时期，如果幼儿表现出的主动探究行为受到鼓励，幼儿就会形成主动性，这为他将来成为一个有责任感、有创造力的人奠定了基础。如果成人讥笑幼儿的独创行为和想象力，那么幼儿就会逐渐失去自信心。埃里克森把目的定义为“一种正视和追求有价值目标的勇气，这种勇气不为幼儿想象的失利、罪疚感和惩罚的恐惧所限制”。

家长在家里要给孩子搭建展示的舞台。记得有一次，我和朋友们在一起聊天，忽然我家上幼儿园的二宝跑到我们跟前，招手说道：“你们都别说了，听我说。”我们立刻把注意力转向孩子，宝贝说“看我的”，接着他学着奥特曼打了一套动作，然后还给我们唱歌，我们都开心地看着，最后还给他鼓掌，夸宝宝太棒了，他开心极了。

（四）学龄期（6～12岁）：勤奋对自卑的冲突

这一阶段的儿童都应在学校接受教育。如果他们能顺利地完成学习任务，他们就会获得勤奋感，这将使他们在今后的独立生活和承担工作任务中充满信心。当儿童的勤奋感大于自卑感时，他们就会获得有“能力”的品质。埃里克森说：“能力是不受儿童自卑感削弱的，完成任务所需要的是自由操作的熟练技能和智慧。”

所以这个时候，家长要多给孩子鼓励，当孩子有所进步，表现得比上一次好了，或比以前勤奋了时，家长要及时鼓励，形成正向强化，就像海豚训练员一样，及时强化孩子的付出。

（五）青春期（12～18岁）：自我同一性和角色混乱的冲突

青少年面临新的社会要求和社会冲突会感到困扰和混乱。所以，青少年期的主要任务是建立一个新的同一感或自己在别人眼中的形象，以及他在社会集体中所占的情感位置。孩子在这一阶段的危机是角色混乱。埃里克森说："如果一个儿童感到他所处的环境剥夺了他在未来发展中获得自我同一性的种种可能，他将会以令人吃惊的力量抵抗社会环境。在人类社会的丛林中，没有同一性的感觉，就没有自身的存在。"

随着自我同一性的建立，"忠诚"的品质开始形成。埃里克森把忠诚定义为"不顾价值系统的必然矛盾，而坚持自己确认的同一性的能力"。

所以在这个阶段，家长首先要接纳、包容青春期的孩子。

（六）成年早期（18～25岁）：亲密对孤独的冲突

只有具有牢固的自我同一性的青年人，才敢于冒与他人发生亲密关系的风险。因为与他人发生爱的关系，就意味着把自己的同一性与他人的同一性融为一体。这里有自我牺牲或损失，只有这样才能在恋爱中建立真正亲密无间的关系，从而获得亲密感，否则将产生孤独感。埃里克森把爱定义为"压制异性间遗传的对立性而永远相互奉献"。

所以，如果您的孩子处在这个年龄，谈恋爱了，请不要打击他，可以鼓励孩子试试，因为他需要培养爱与被爱的能力。

（七）成年期（25～65岁）：生育对自我专注的冲突

如果一个人顺利地度过了自我同一性时期，他在以后的岁月中将过上幸福充实的生活，他将生儿育女，关心后代的养育。埃里克森认为，生育感有生和育两层含义，一个人即使没生孩子，只要能关心孩子、教育指导孩子也可以具有生育感。没有生育感的人，其人格贫乏，是一个关注自我的人，他们只考虑自己的需要和利益，不关心他人（包括儿童）的需要和利益。在这一时期，人们不仅要生育孩子，还要承担社会工作，这是一个人的创造力最旺盛的时期。

所以，这个时期的家长们要互相信任，心连心，一起面对生活中的一切。

（八）成熟期（65岁以上）：自我调整与绝望感的冲突

由于衰老，人的体力、心理和健康每况愈下，对此他们必须做出相应的调整和适应，这是自我调整与绝望感的心理冲突。埃里克森把它定义为“以超然的态度对待生活和死亡”。

所以，有的老年人如果老伴走了，他会再找一个伴，其实这是为了更好地调整，因为老年人最需要的是有个伴。当我们了解了以后，我们就不会嘲笑他们。

埃里克森认为，在每一个心理社会发展阶段，解决了核心问题之后所产生的人格特质，都包括了积极与消极两方面的品质；如果各个阶段都保持向积极品质发展，就算完成了这个阶段的任务，逐渐形成了健全的人格，否则就会产生心理危机，出现情绪障碍，形成不健全的人格。

家长们要看到，人生发展是有阶段的，任何人都不可能跳跃式地发展，前面阶段发展不好就会影响后面的阶段。人生每一时期，都是“危机与转机”的关键。所以，家长了解了这些后，就知道要教育孩子在每个阶段都要走好。

很多孩子的问题都不是简单形成的。举个例子：有一次，我接到一位家长的求助，她说她的儿子现在上五年级了，在学校总是很胆小，别的同学欺负他，他也不敢还手、不敢还口。一次有个同学把他的书撕了，扔在地上，他也不敢说是哪个同学，只是默默地把书捡起来。家长感到孩子太没有男子汉气概了，挺不理解。我和她进行了沟通，了解到，这个孩子从一岁多就被送到了乡下的奶奶那里，因为父母都要忙于工作，实在没时间照看。直到孩子三岁多才被接回到市里。这个孩子在奶奶家唯一的玩伴是邻居家的一个年龄相仿的男孩，这个小男孩有时会欺负他，但他不敢还手。妈妈每次回去看孩子，走的时候，孩子都会恋恋不舍，会哭着追赶妈妈的车跑出很远很远，直到妈妈的车消失在视野中。大约三岁，孩子被父母接到身边，这时父母感觉到孩子不太正常，非常胆小，不喜欢说话，比较内向。0～3岁是孩子安全感建立的最关键的时期，而这个孩子在这最关键的时刻缺少妈妈的陪伴，没有建立起安全感，没有自信，所以在和同学交往中，会忍受一些欺负来换取同学的一点点关注。其实，孩子的这些情况与他小时候的经历有关。

再来看看世界心理剧大师莫雷诺的故事。

1889年5月18日出生于罗马尼亚的雅各布·莫雷诺是家中长子，下有三妹两弟。12个月大时莫雷诺患上了严重的软骨病，母亲带他在户外晒太阳时遇见了一个吉卜赛人，此人告知莫雷诺的母亲这个孩子将来是个杰出人物，世界各地人士会争相来拜见他。母亲对此话深信不疑，决心好好养育他。四岁半时，与小朋友玩扮演上帝的游戏，他领悟到：①人可以借助别人的帮忙，将内心活动外化，进入到一种浑然忘我的、自发性与创造力的状态。②纵使是至高的全能者，也需要他人衬托。③其他的小朋友也想要扮演上帝。5岁时莫雷诺举家搬迁至维也纳。14岁时举家搬迁至德国柏林，但因为他无法适应德国学校及跨文化适应不良，再度迁回维也纳。14岁左右，父母分居，莫雷诺愤怒又沮丧，逃学，高中没念完。一晚，他独自站在公园里徘徊，瞬间灵感涌现，发现自己是一个身兼非凡使命、与众不同的个体。原本的愤世青年由此变成了想改造世界的青年。

请大家思考一下，作为个体人，你在莫雷诺的成长经历中看到了什么？作为家长，你在莫雷诺的成长经历中看到了什么？

每个孩子不可能一生下来就是个什么都好的孩子，他得按照人的身心发展的规律来发展，任何人都不可能例外。所以，我们作为父母要了解孩子每个阶段的心理发展特点，接纳孩子，像莫雷诺的母亲一样，虽然莫雷诺得了软骨病，但他的母亲好好养育他，最后他取得了成功。

二、马斯洛的需要层次理论

马斯洛的需要层次理论根据人们需要的先后及强弱顺序，将需要分为五个层次，这五个层次由低到高分别是：生理需要，一个人能够维持生存状态的最基本的需要，如生活中的吃、喝、睡眠、休息等；安全需要，一个人对身边环境的稳定、安全的需要，知道自己是被保护的，从而不会过分焦虑、恐惧，获得安全感；归属和爱的需要，一个人渴望自己被集体认可、尊敬、接纳、关爱、支持等的心理需要；尊重需要，一个人能够得到他人的尊重，也有能力自我尊重的需要；自我实现需要，一个人对成功的渴望，充分体现个人价值，发挥价值的需要。很多孩子出现问题都是因为一些需求没有得到满足，如安全感的缺失、自尊受到伤害、没有被关爱等。

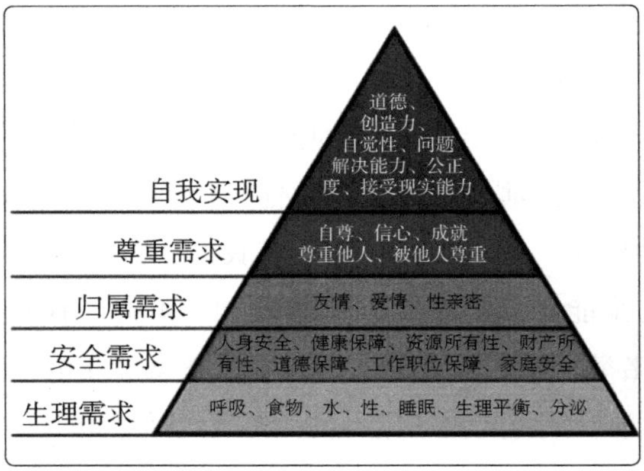

图2-2　需求层次理论

一个曾在初中一年级割手腕的女孩在我的心理咨询室，哭着诉说了自己的痛苦：在她上幼儿园的时候，爸妈就离婚了，妈妈到市里嫁了人，自己一直跟着爸爸生活，爸爸身体不好。看到别的孩子有妈妈关心，她心里就很难过，经常想妈妈，有时会在梦中哭醒，不知道妈妈为什么抛弃自己，不知道以后会怎样，感觉活着没有意义。只有在手腕上划一下，她才感觉自己还活着……孩子从小在家庭中缺少爱和安全感，才出现了问题行为。后来我给她做了八次咨询，她的脸上终于露出了笑容。

我们要读懂孩子，了解孩子每个阶段的发展特点，了解孩子行为背后的心理需求。只有了解了孩子，我们才会接纳孩子，才能学会如何和孩子好好相处。

提高共情力，和孩子共情

共情力是美国乔拉米卡利博士提出的。共情是指一个人能够理解另一个人的独特经历，并对此作出反应的能力。共情不是一种情绪，也不是一种感受，而是人类与生俱来的一种能力，它可以通过训练提升。同情心和共情是不一样的，乔拉米卡利博士通过详细地举例对同情心和共情作了区分。同情心是你将一个人的经历理解为自己的某种经历，而事实上，你并不清楚你们二者的经历是否真的相同。例如，当你从邻居口中得知她的爸爸去世时，在同情心的驱动下，你会想：她一定很伤心，因为在我爸爸去世的时候我就哭得稀里哗啦。但事后你才知道邻居在很小的时候，父母离异，一直跟随妈妈生活，对爸爸的感情并不深。乔拉米卡利博士解释这是同情心在起作用，而不是共情在起作用。真正的共情是我们首先需要时间来了解事情的真相，因此，共情是客观的，它产生的基础不是简单的设想。基于事实真正理解对方独特的经历，才能做到真正的感同身受。

从前，有只可爱的小白兔，她非常喜欢胡萝卜，每天都吃好多好多胡萝卜。有一天，她的好朋友小猫生病了，小白兔想送点礼物给小猫。她把自己最喜欢吃的胡萝卜给小猫送去。可是，小猫并不开心，因为小猫很想吃鱼。可小猫并没有告诉小白兔，她觉得小白兔已经送礼物给她了，自己不应该表现得不开心。事实上，小白兔已经发现小猫没有那么高兴，可小白兔却想：我把我最喜欢的胡萝卜给你，你却还不高兴，那你想怎么样？所以她俩都不高兴。父母会说，我们给了你一大筐胡萝卜，你该知足了，可孩子心里却想她只要一条鱼。有时候父母会说我为了孩子做了这么多，孩子怎么还不知足。其实这是家长没有很好地和孩子共情，压根就不了解孩子真正需要的是什么。

有一天晚饭后，我儿子跟我说："妈妈，我朋友都羡慕我有一个好妈妈，我朋友的妈妈很有钱，但只知道给他买贵重的东西，只知道给他钱，从不关心他的内心感受，从来也不了解他。妈妈，虽然你没有很多钱，但我觉得有个理解自己的妈妈真是幸福。"听到儿子这么说，我很开心。

很多父母只知道给孩子钱，可能会觉得，我已经给你那么多钱了，把你养大，供你上学，你还有什么不知足的？但是，孩子需要的真的仅仅是钱吗？孩子需要的是父母爱他、父母理解他、父母的温暖、父母的共情。孩子非常渴望能够得到来自父母的无条件的接纳、理解、信任、认同、支持、关爱和尊重，也非常希望父母能够成为他人生成长的坚实的心理后盾，带给他勇往直前和挑战困难的强大精神力量。

"给得再多，不如懂我。"当你做到了与孩子共情，你就和孩子在一个维度里。孩子对这个世界是迷茫的、好奇的、恐惧的，当他发现这个世界维度里还有一个人和他有一样的感受，懂得他过去的经历，用他的眼睛来看周围的世界，感受着他的情感，想象着他的想法，他会觉得安全，这是人性，他会因此愿意与你交往。

家长始终要将专注点放在孩子身上，而不是自己身上。要克服以自我为中心的惯性思维，站在孩子的立场去体验和接纳孩子的感受。不要只从自己的角度去思考问题，不要急于用否定、联系、提问、同情、逻辑分析等来否定孩子的感受。

共情是一个完整的身心反应，假如孩子有事情向我们求助，我们可以去做一下共情练习。我们可以模仿孩子的语言、表情和动作，如蜷缩着身体、低着头等，通过感受孩子的身体状态来体验孩子的情绪，真正认识到孩子想要表达的是什么。这样，我们往往能够懂得孩子行为背后真正的需求。

共情是建立关系的高速公路。共情的提出者罗杰斯认为：深度理解是给予他人最珍贵的礼物。当你心理处于压力状态时，有人真正倾听了你，并没有附带任何评价，没有尝试分散你的责任，也没有想改造你，这种感觉真的极好！只有当我们变得富有同情心，能够真正理解他人的感受时，我们的内心才能收获一直寻觅的平静和幸福。

用爱的语言支持孩子

家长习惯性的表达，有时会让孩子觉得更糟糕。而有一种语言体系是真正能够支持孩子的，我们称之为爱的语言体系。

家长经常用贬损性的表达来激励孩子，如“这个你也不会，这个很简单的呀”，这种表达会给孩子一定的压力，特别容易让孩子崩溃。还有贴标签或者开玩笑的表达方式，如“哇，你这个行为就是傻小子的方式，你太傻了”，这样孩子会觉得被羞辱；还有就是诊断分析式表达方式，如“我来帮你分析一下是什么原因”，孩子觉得自己有问题了，你来诊断我、分析我，你觉得我不会分析吗？孩子就会产生被贬损的感觉；说教的表达方式，如“你看我们以前也没像你这个样子啊”，这看似激励，实际是贬损，会让孩子不舒服。

孩子做错了事时，家长往往会说“哎呀，你这个也不会”，甚至会提出意见和解决方案，这往往不会取得好的效果。这个时候，家长需要给孩子一点时间，让孩子自己去想解决方案。举个例子，下班了，你在公司想快点出来，但主管说你应该写一写今天的总结、把卫生打扫好、把窗子关好等，这时你会觉得很不舒服，特别想让主管快走，想快点下班。这和当孩子与老师闹矛盾不想上学的时候，家长经常会说作为学生应该去上课啊，上课时应该认真听讲，认真完成作业，好好考试等情况是类似的。让孩子被动执行，看似对孩子好，实际上剥夺了孩子的主观能动性。

什么是爱的语言体系呢？当孩子寻求关注的时候，我们可以这样说：“虽然我没有说，但我真的很在乎你，谢谢你提醒我。有很多东西我还没看到，你觉得还有其他什么方式可以让其他人更注意到你？”

当孩子寻求权利的时候，我们可以这样说："我们都先静一下好吗？我不想成为你的敌人。我想可能是我对你有些强迫的行为（如果你感觉到不舒服），你能告诉我是什么吗？"

当孩子寻求报复的时候，我们可以这样说："听到这样的话，我很难受，如果是因为我的一些无意识行为刺伤了你，我向你道歉。我没意识到伤害了你，你能原谅我吗？"

当孩子自暴自弃的时候，我们可以这样说："我知道你不想被打扰，你希望谁来帮你一下，爸爸、妈妈，还是某个老师或同学？我理解你现在的感受，如果是我，我也会灰心，但我是不会放弃的。"

这样，我们就能用爱的语言支持到孩子！

包饺子风波

这是个愉快的周末，大儿子从学校回来了，为了给孩子改善伙食，我决定包他最喜欢吃的白菜馅水饺。于是我开始洗菜、和面、切肉，一通操作下来后，准备就绪，我就喊老公和孩子们包水饺。这时老二拿出他的儿童厨具，其中有个包饺子的模具，他说："妈妈，我用这个包饺子。"我同意了，正好借这个机会让他锻炼锻炼。于是我就让他用模具包他的红糖馅水饺，包了五个后，他又想包白菜馅的，我给他一个让他包，可是模具把馅都挤出来了。他连着包了三个，我说："宝贝，用模具包白菜馅的水饺，馅包得少，你去一边玩一会吧。"过了几分钟，他从房间出来了，很不开心，说了一句让我大吃一惊的话。他说："要是你们不需要我，留着我还有什么用？"我立马意识到他感觉被忽视了，没有被需求，于是我就说："宝贝，妈妈饿了，需要你给我拿个地瓜干，可以吗？"他一下子就开心了，跑到茶几上给我拿地瓜干。这时，我老公说："我猜儿子肯定不给我拿。"没想到儿子说："我本来给你拿了一个，你这样说，我就放下不给你了。"

老二"被需要"很开心，"不被需要"就很不高兴。"被需要"是什么呢？就是当别人需要你做什么的时候，你有一种自豪感，觉得自己在别人的眼里是有价值的，所以，为了体现出自己的价值很乐意去为别人做点什么。在教育孩子的过程中，我们尤其要注意给孩子"被需要"的感觉，这样孩子会更有自信。而现实中，当孩子想给父母帮忙干点活的时候，有的父母觉得自己能干，就不用孩子干，或者觉得孩子干得不如自己干得快，或者认为孩子可能干不好，因而不让孩子干，其实这不仅剥夺了孩子干活的权利，还会让孩子觉得"我是不被需要的""父母不相信我""我是没有用的""我是不够优秀的”等。

家长不要剥夺孩子劳动的权利，也许孩子做得不够好，但至少要让孩子参与，让孩子尝试，使孩子在参与尝试中积累经验，不断成长。劳动是儿童发展思维的体操。俗话说“心灵手巧”，对儿童来说则是“手巧心灵”。体力劳动是通过手脚的活动来实现的，而孩子劳动和成人劳动在意义和内涵上有所不同。我们对孩子的要求往往只是最基本的生活自理和一些力所能及的家务等。通过这些基本的劳动训练，孩子的双手和大脑得到协调发展。对孩子进行早期的劳动训练，可以使孩子的脑细胞得到更多的刺激，加快脑细胞发育成长，更有利于开发孩子的智力。劳动会使孩子更聪明。而且，孩子在劳动的过程中还会产生愉悦的情绪，促进多巴胺的分泌，提升心理健康指数，锻炼独立做事的能力，培养良好的个性品质。

家长只有读懂孩子的需求，才能得到孩子的喜欢。

第三章

积极的家庭教育

冰冷的家

有位班主任向我求助，她所带的六年级班里有个女孩得了重度抑郁症。孩子学习挺好，但是在班里经常趴在桌子上，或低着头，不说话。班主任很着急。得到孩子的同意后，班主任将孩子带到了咨询室。孩子一进来，我就赶紧让她坐到椅子上。她低着头，眼睛被长长的头发挡住了。我问她："今天上午我的讲座怎么样？"她说挺好的。我又问她："我的讲座哪个地方让你感觉比较好？"她说是冥想，在跟着我做冥想的时候，自己的内心很静。在做沙盘前陪她感受沙子的时候，我发现她的手腕、手背处有小刀的划痕。

做完沙盘后，她跟我讲了她的家庭。她的家庭成员有爸爸、妈妈、姐姐和她，四口之家。爸爸在一所医院工作，每天凌晨回家，周末的时候经常不回家。爸爸和妈妈经常吵架，因为见不到爸爸，妈妈会在电话里和爸爸吵。每当他们吵架的时候，她就会躲在屋里。她的姐姐在省实验中学上学，学习很好，但是姐姐回家后经常会和妈妈吵架，而且每次吵架都会把她扯进去。姐姐说妈妈偏心，因为这次她要求妈妈带她去做心理测评的时候，妈妈同意了，但是当年姐姐要求妈妈带她去做心理测评的时候，妈妈没带她去。所以，姐姐心情不好的时候有时就会欺负她。姐姐回家后，经常会大叫，情绪很不稳

图3-1　孩子做的沙盘

定。孩子给这个沙盘起的名字是“冰冷的家”。

我问孩子：“当你心情不好的时候，你会跟谁倾诉呢？会跟爸爸、妈妈和姐姐说吗？”她说不会，她会跟同学说，但同学也只是应付性地说：“怎么这样呢？”我感受到了孩子的无助，抱了抱她，她趴在我肩上哭了，此时我的心里五味杂陈。

孩子在这种长期吵架的家庭环境中，没有任何的安全感，有的只是担惊受怕，每天过得胆战心惊，又没有朋友，缺乏社会支持，受伤的时候没有人倾诉，没有人理解，就会向内攻击自己，所以会伤害自己，出现割手腕的行为。

父母如果不能好好对孩子负责，又何必将孩子生下来。父母吵架会深深地影响一个孩子，它所带来的巨大负能量甚至超过父母离婚对孩子造成的伤害，足以毁掉孩子的一生。所以，父母一定要认识到自己的责任，一定要给孩子创造一个好的家庭环境，要提高思想意识，意识到自身存在什么问题，把自己调整好，做好自己，改善夫妻关系，让家庭和睦、夫妻亲密，营造和谐的家庭氛围，这样孩子才能有安全感，才会健康长大！

给孩子树立积极的榜样

苏霍姆林斯基说："在一个家庭里，只有父母自己教育自己时，在那里才能产生孩子的自我教育。没有父母的光辉榜样，一切关于儿童进行自我教育的谈话都将变成空谈。"的确，你想让孩子热爱读书，你就应该自己热爱读书；你想让孩子不看手机，你就不能整天抱着手机不放；你想让孩子有正能量，你就不能整天抱怨；你想让孩子有出息，你自己就要勇于奋进。你的一言一行都被孩子看在眼里、记在心里，你的知情意行会影响孩子的一生。

给大家分享一下我的故事。我出生在农村，爸妈是农民，我爸在家是老大，有四个弟弟，一个妹妹。为了帮爷爷干活我爸没上过一天学，我妈也只上了几天学。我爸妈靠种地供我们兄妹三个读书。我哥21岁从山东大学毕业，他是从高二跳级考的大学，这一直是我家的骄傲。我哥上大学，我上中专，我妹上初中的时候，是我家最难的时候，我们兄妹三个的学费都是靠爸妈的双手从地里挣来的。邻居跟我妈说："你两口这么累，早出晚归地种地，太辛苦了，别让姑娘上学了，反正姑娘长大后就嫁人了。"我妈却说："只要孩子愿意上学，我们砸锅卖铁也供她们。"就这样，我们三个都从农村走出来了，爸妈的辛苦换来了我们现在的幸福。感恩我的父母，他们虽然是农民，但思想却很先进。如果我爸妈不供我们上学，就没有现在的我们。我记得小时候，每天早上睡醒，身边就没了爸爸妈妈的身影，他们每天早早就起床，我妈做饭、做家务、喂鸡，我们一起床，洗漱完就能吃上热乎乎的早饭。我们起床后，爸爸已经在地里干了两个多小时的活回来了。我爸妈就这样每天忙碌着，但每天脸上都挂着开心的笑容。爸妈说忙也是一种幸福。

我从爸爸妈妈那里学到了吃苦也是一种幸福！

从小到大，我爸和我妈都没吵过架，生活在这样和谐的家庭中我真的好幸运。我妈从来没和我奶奶吵过架，我妈孝敬奶奶，奶奶也夸我妈好。我们村里很多人开玩笑说："你们大家庭真和谐，婆媳关系这么好，我们要蒸上大馒头，到你们家取取经，看看你们是怎么相处的。"确实，在我们村，我们是个大家族，奶奶和爷爷很少吵架，爸爸和妈妈从不吵架，而且互相欣赏、互相夸奖。比如有一次，我爸从地里摘回来长得非常好的花生，那花生粒大饱满，看着就让人喜欢。我妈开心地说："你爸就是会种庄稼，是种庄稼的专家。"我爸也开心地说："都是老王的功劳。"看到爸妈这么恩爱，这么和谐，真的感觉自己好幸福！我妈经常和我说一个巴掌拍不响，碰到事情忍一忍就过去了，家和万事兴。现在我有了自己的孩子，有了自己的家庭，我也要和我妈一样，给孩子创建温馨和睦的家庭环境，因为孩子会模仿父母的相处模式，我们要给孩子做好榜样！

参加工作后，我爸妈说："在单位好好工作，别拿别人的东西，好好干工作，争取入个党。"所以工作后我特别努力，我要用努力来报答我的父母。我发自内心地爱我的学生，我当过班主任、团支部书记、三年小学副校长，教过初中语文、初中英语、小学语文、小学英语、小学科学等。领导安排的工作，我从不推脱。还记得有一年我们学校初一的一个英语老师休产假，又找不到其他英语老师，校长跟我说："听说你英语挺好，周老师休产假了，你能来教英语吗？"我想都没想一口答应了。于是那一年，我教初一五班的语文、英语，做着班主任，真的是忙得不亦乐乎，备课都是晚上回家备，没想到期末考试，我班居然是年级语文、英语双第一。中间我给我妈打电话说过这件事，我妈说："闺女，你做得对，在单位要多干活，吃亏是福。"还有一年，我到小学当副校长，安排课程表的时候，发现六年级英语没人教，于是我决定自己教。我教着六年级语文、六年级英语，当着班主任，干着副校长，管着全校的继续教育，那一年又是忙得不亦乐乎。我的努力得到了领导的认可，也因此获得了全国优秀教师、山东省特级教师、齐鲁名师等荣誉称号。

有一次我在儿子朋友圈中看到了他发的内容："从小到大您把我保护

得很好，用我的努力与成绩让您骄傲和开心是我能想到的最好的礼物。”字里行间能读出孩子的开心，我真的很开心，我知道我给孩子树立了一个好的榜样！

父母是孩子的一面镜子，孩子是父母的翻版，从孩子身上就能看到父母的影子！

积极心理学在家庭教育中的价值

一、积极心理学的意义

心理教育有助于治愈人类的精神或心理疾病，帮助人们树立良好的价值观，获得满意和幸福的生活，同时有助于发现和培养人才。但是长期以来，心理学的工作重点一直是帮助有精神病或心理疾病的人，正是在这种情况下，人们才产生一种认识，即心理学是一个医学门类，只用于治疗疾病和救人。这也是社会上大多数人忽视心理健康的原因。孩子们虽然没有精神疾病或心理疾病，但在社会压力下仍需要心理疏导。积极心理学的诞生是为了让大多数社会成员得到心理帮助，其出发点是根据当今社会人们的需求，让大多数人的生活更加幸福。随着时代的发展，人们在充分享受物质生活的同时，却往往忽视了精神和心理的需求，所以有很多人虽然有了物质基础，但仍然感到不快乐或不幸福，这时就需要积极心理学发挥作用。积极心理学通过研究人类最幸福的情感成分，引导人性的积极方面，丰富人的情感，培养人的积极的情感，让人们对过去更满意，珍惜和热爱现在的生活，更加乐观地看待未来，并且通过探索人类积极的个性，让好奇心、乐观主义等积极因素影响到每个人，让好奇心、斗志等许多积极的特质成为人们生命中最好的体验。

二、积极心理学的积极贡献

积极心理学在充分肯定人类激情的前提下，以积极的方式解决了过去心理学所强调的对消极和片面态度的研究，从而还原了心理学的真正含义。积极心理学可以激发人性中的善良精神，充分体现人类积极向上的精神、集体精神和进取精神。积极心理学可以引导人们以追求美好生活为核心目标，让每个人都能过上积极幸福的生活。因此，积极心理学符合当前的社会价值观。通过积极心理学的应用，人们可以最大限度地削弱生活和工作过程中的各种负面影响，重新定义人类最本质的人文精神，等等，从而实现人类和社会的可持续发展，顺应时代潮流。积极心理学更关注人性中积极的方面，挖掘人的优势和价值，关注人的发展和创造力以及无限可能。它可以支持个体家庭和社会积极健康发展，使心理学家采取更加积极和开放的态度，将工作注意力转移到人的潜力和能力上，从根本上改变过去的心理，为心理疾病患者提供帮助。积极心理学的最终目标是实现对人的人文关怀和终极关怀。

三、积极心理学在家庭教育中的价值

积极心理学的理论运用到家庭教育方面，无疑是对传统教育观的颠覆性挑战。在本土教育中，人们普遍崇尚挫折教育和惩罚教育。“受得苦中苦，方为人上人”“棍棒底下出孝子”“没有现在的苦，哪来将来的甜”，这些思想至今仍被许多家长接受。一方面，家长们望子成龙、望女成凤；另一方面，他们又扼杀孩子的梦想，对孩子取得的一些成绩视而不见，听而不闻，非要把自己的愿望强加给孩子，只有孩子按照自己的既定路线前行才心满意足。试问，孩子那小小的、稚嫩的羽翼能承受住来自父母的爱的风暴吗？在这样的疾风骤雨下，孩子能够飞得更高、飞得更远吗？中国古话说：“三岁看大，七岁看老。”事实上一个孩子的人格核心在六岁以前已经完全形成了，而其塑造者就是孩子的父母。因此，在这一时期父母决定了孩子人格核心的形成，也决定了孩子在此基础上发展的个体性格。种瓜得瓜、种豆得豆，种什么因就得什么果，积极心理学可以让家长用积极的理念教育孩子，可以帮助家长和孩子建立起积极的亲子关系，帮助孩子培养健康的、积极的人格。美国心理学家罗杰斯曾指出，婴儿从自我知觉出现后就开始产生被人爱、被人喜欢和被人认可的需要，这是人类最基本的需要。积极的自我关注一旦建立，就不再依赖被爱的需要，而可以自我延续。积极心理学视角下亲子关系的构建，需要家庭教养的方式民主平等，家庭成员的沟通真诚友爱，家庭教育的场域和谐自然，家庭教育的方法多元智慧。

积极语言的力量

在一个下着暴雨、电闪雷鸣的日子，孩子宁可被雨林、被雷劈也不愿意回家。孩子说：此生无望，来生再见。他不想回家，因为家里有喜欢唠叨的妈妈。而妈妈说的话是：你最好别回来。父母其实是很爱孩子的，但是有时说出来的话却让孩子心寒。后来开家长会，我和这个孩子的妈妈聊了很多，这个妈妈不会说赞美孩子的话，吝啬对孩子的表扬，甚至对孩子没有说过积极的语言，但妈妈很爱孩子，就是不会表达，所以现在亲子关系不好，孩子很叛逆，也没有自信，学习也不好。我跟她讲了一个有名的故事：实验者挑了两株生长情况一样的绿植，给它们装上保护套，放在学校大厅里，让它们每天接受同样的光照、同样的浇水施肥，唯一不同的是学生对它们的态度。左边绿植被贴上“这株植物被霸凌”的标签，而右边则被贴上“这株植物被褒奖”的标签。学生可以通过现场录音的形式，留下积极或消极的话参与实验，这些话每天在绿植“耳边”被循环播放：“你看起来像快烂了一样。”“你还活着吗？”“你就是废物，你一无是处！”“没人喜欢你！”左边绿植每天“听着”恶狠狠的辱骂。“一见你我就特开心。”“你真的很美！”“你正在改变世界。”“我喜欢你做自己的样子。”右边的绿植每天生活在幸福的天堂。循环播放30天后，被言语霸凌的植物叶子枯黄，形态萎靡；而饱受称赞的植物则生机勃勃、朝气十足。

听了这个故事，这位妈妈很震惊，我建议她从现在开始和孩子好好说话，多用积极的语言和孩子沟通，让孩子感受到她的关心。这位妈妈也是这样做的，过了一个月，这位妈妈给我打电话说，她和孩子的关系好了很多，她明白了家长的积极语言对孩子多么重要。

再跟大家分享一位母亲参加三次家长会的故事。故事的主人公是位能干的女性，她原本有份体面的工作和爱她的丈夫。但孩子出生后，并没有如他们所愿的那般健康可爱聪明，而是越长越丑并且有点愚笨。丈夫怕被嘲笑，很少带孩子出门，夫妻经常为孩子的事吵闹不休。最终，两人在孩子快两岁的时候分开了，孩子跟随了母亲。

母亲带着孩子回到了老家，四处找幼儿园，但因为孩子缺乏基本的交流能力，很多幼儿园拒绝接收。在母亲的耐心恳求下，终于有一所幼儿园接收了孩子。

入园没几天，老师通知开家长会。在会上，老师点名对这位母亲说："你儿子连一分钟板凳都坐不住，我们觉得他有多动症，你最好带他去医院看看。"

回家的路上，儿子问母亲："老师都说什么了？"母亲鼻子一酸，眼泪差点掉下来，全班30名孩子，老师唯独对她的孩子表现出不屑。她转过头擦掉眼泪，微笑着对儿子说："老师表扬你了，你以前一分钟板凳都坐不住，但现在你能坐三分钟了，其他妈妈都羡慕我，因为你的进步最快了。"那天晚上，孩子破天荒地多吃了一碗饭。

很快，儿子上小学了，学校召开了家长会。老师说："这次期中考试，你儿子考了第49名，他连最基本的1加2都会算错，我们怀疑他智力有问题，你还是带他去医院检查一下吧！"

回家的路上，母亲掉下眼泪。到家的时候，儿子追问着母亲老师讲什么了，母亲抚摸着儿子的头说："老师对你充满了信心，你只要再细心点，一定可以超过你的同桌，你同桌排在第21名。"

说这些话的时候，儿子原本黯淡的眼神一下子充满了光彩，他的作业也比平时完成得要快，而且还多检查了一遍自己的作业。儿子第二天也比平时起得早，母亲感觉到儿子跟以前有点不一样。

孩子上了初中，学校又一次开了家长会。这次，她坐在儿子座位上等着被点名，因为每次家长会，她都会被点名甚至被留下来。但这次出乎意料，她竟然没有作为差生家长被点名。家长会结束的时候，她主动找到班主任了解情况，班主任告诉她："按你儿子现在的成绩，考重点高中有点困难。"

母亲怀着喜悦的心情走出了教室，她迫不及待地告诉儿子："老师说了，他对你的成绩非常满意，他说只要你努力，考重点高中肯定可以。"

儿子如愿地上了重点高中。很快，三年的高中毕业了。到了发榜的日子，学校打电话让她儿子去学校一趟。

他捧着印有"清华大学"的通知书，转身回到房间里大哭起来，边哭边说："妈妈，我知道我一直不是个聪明的孩子，是您，一次又一次地鼓励着我……"这个孩子是幸运的，因为他有这么一位懂得教育真谛的母亲！有一位懂得用积极语言鼓励他的母亲！

很多家长，当孩子学习成绩不好的时候，就会用一些消极的语言说孩子，如"笨蛋，猪脑子！""你能考上好的大学，太阳从西边出来！""你怎么样样不如别人！""住嘴！"等。人生在世，最容易犯的错误就是把温柔细语给陌生人，却把最糟糕的脾气留给最亲的人，甚至有时毁掉他们的一生却浑然不知。这些语言像刀子一样扎进孩子的心里，在这种语言的攻击下，有的孩子会抑郁，有的孩子会出现攻击行为。

如果家长用积极语言来鼓励、表扬、认可孩子，孩子就会产生积极行为；如果用消极语言来批评、讽刺、威吓孩子，孩子就会出现消极行为。有的孩子被这些语言"驱赶"，最后成了语言里所塑造的那个人。家长们要用积极语言给孩子以鼓励，让孩子健康成长！

家庭对孩子的影响

家庭对孩子的影响是很大的。有人总结了68位北大学子的家庭教育，居然非常相似：爸妈都在孩子面前看书，不管是真的假的；他们烦了就画画，累了就听歌，情绪大就运动，都有爱好；父母不逼孩子学习，学习是孩子自己的事；他们从小做家务，培养自立性；父母鼓励孩子发展特长，不攀比，不嫉妒，承认别人的优秀；他们都有笔记本、错题本，善于归纳总结；他们从不熬夜，更不沉迷手机，认为态度比成绩更重要。由此可知，学霸往往成长在宽松、信任、像朋友一样的环境中。

在平时的咨询中我也发现了一个现象，就是生活在以下几种家庭的孩子一般不容易出现心理问题。

情绪稳定的家庭：父母的情绪中藏着孩子的未来，孩子如果长期生活在父母情绪不稳定的家庭中，可能会因此产生性格缺陷、心理障碍、语言发育迟缓，或形成一些创伤后应激障碍，甚至会形成人格障碍和精神性问题。所以，情绪稳定的父母是孩子一生安全感的来源。父母要心态平和，不把工作中的情绪带回家。父母内心平静，孩子才会变得平静，从容的父母会让孩子充分感受到安心。父母还要放下对孩子的控制，有人曾说：父母学会示弱，孩子才能健康成长，当我们放下对孩子的控制的时候，孩子才会自己走，才会更好地成长。

好好说话的家庭：好好说话是难得的本事，也是一个家庭最宝贵的家风。好好说话是指父母要对孩子好好说话，孩子也要和父母好好说话。父母尽量不要对孩子说指责、批评、命令的话语，父母和孩子说话的时候要让孩子感受到父母在关心他。如果孩子出现了问题，父母要帮助孩子反思自己，帮助孩子联结渴望与自我，帮助孩子联结他的正向资源。孩子也要和父母好好说话，不要轻易伤了父母的心。记得我上初中的时候，正处于青春叛逆期，心里对妈妈的唠叨很烦。有一次，妈妈又唠叨，我说了一句话："好话说三遍，狗也不愿听。"当我说完这句话时，妈妈一句话也不说，慢慢转过脸去干别的活了，我永远也忘不了妈妈当时伤心的脸，我知道那句话对妈妈的伤害是多么地深。现在我当了妈妈，更深刻地认识到要对父母尊重、包容，多一些耐心，少一些指责，好好说话就是最大的孝心。

有仪式感的家庭：仪式是一件很重要的事，没有仪式感的家庭很难养出内心幸福的孩子。有个朋友的孩子，因家庭原因，从小被送到爷爷奶奶家，每次过生日，爸爸妈妈因为工作忙都回不了家，只能打个电话，所以他看到别的同学过生日家长给买蛋糕就很羡慕，他多么渴望父母能给他买一次蛋糕，过一次有仪式感的生日。没有仪式感的孩子，在心理层面的负面冲击非常大，它会破坏孩子内心的安全体系，让他的性格变得多疑、敏感、自卑。当然，家庭仪式感不一定只是物质的，也可以是一个拥抱、一句鼓励，让孩子感受到某一时刻与其他时刻不同。

作息有规律的家庭：如果家长作息有规律，孩子也就跟着有规律作息。比如什么时间吃饭、什么时间睡觉、什么时间写作业、什么时间起床等，都要有规律，甚至可以制定一个明确的作息时间表，家长和孩子共同遵守，这样能培养孩子良好的习惯。

爱看书的家庭：孩子喜不喜欢看书与父母有很大的关系，如果父母愿意看书，那就会潜移默化地培养孩子养成阅读的好习惯，当孩子养成了良好的阅读习惯后，他就会主动去阅读，去学习，这样就改变了"父母监督、孩子反感"的错误教育模式。

允许孩子犯错的家庭：在河南省郑州市的一个家庭中，父亲是一位科研人员，母亲也是高学历的知识分子，儿子在市重点中学读高三，家庭条件很好，可是发生了一件意想不到的事情。高考临近，同学们都忙于备考，学习相当紧张，儿子却跑到外面偷了一块比较名贵的手表，被当场抓住送到派出所。父亲从国外访问刚刚到家，听到此事异常气愤。但是，父亲最终以理智控制住了自己的情绪，在学校的支持和配合下，对事情进行调查了解，对孩子进行了说服教育，他们相信孩子能改正错误，鼓励孩子积极迎考，用行动来改正错误。由于事情处理得当，孩子情绪正常，没有影响高考，结果以优异的成绩被某重点高校录取。这个孩子没有辜负父母的期望，跌倒后又爬起来。大学毕业时，他因品德良好、成绩优异，被我国驻外使馆录用，成了我国驻外使馆的一名工作人员。很多年之后，他依然深感内疚，真诚感谢学校和父母给他的帮助，决心要一辈子认认真真做事，老老实实做人。故事中的父母对孩子做到了宽容和理解，并且允许孩子犯错误，给孩子改正错误的机会。从某种角度说，孩子的成长与犯错是分不开的，当孩子犯了错误，特别是性质严重、情节恶劣的错误时，家长最重要的是冷静下来，不要因为孩子的错误而造成自己的错误，甚至酿出人生苦酒，造成家庭悲剧。

懂得放手的家庭：猎豹妈妈在小猎豹长大后，自己会在离它不远的地方另找一块地方生活；狐狸妈妈在小狐狸长大后，会把它赶出巢穴，强迫它开始独立生活；鹰妈妈在小鹰刚会爬行的时候，会把它推下悬崖，逼它学会飞翔；狮子妈妈在小狮子成年后，会残忍地把它驱逐出领地，让它成长为真正的雄狮。父母缺位，孩子会野蛮生长，而父母不肯放手则更可怕。你不放手，孩子就永远学不会走路。父母只有放手，孩子才能迈步，即使摔跤，也是孩子人生路上必须经历的成长。若要孩子独立，父母必须适时退出。努力学会放手是所有父母的必修课。请相信孩子，也相信自己。

环境整洁的家庭：有的家庭环境脏乱差，而有的家庭环境温馨整洁。我们知道，穿着打扮会影响一个人的自我暗示，进而影响其自信心。同样地，居家环境会影响一个人的心境，整洁的居家环境往往能让人心情愉悦，拥有更大的幸福感。

父母恩爱的家庭：给孩子最好的礼物不是金山银山，而是夫妻恩爱。夫妻关系好了，孩子才会幸福，家庭才会和谐。恩爱的父母，养出的孩子自信勇敢、情商高、充满安全感，到哪里都十分受人喜欢。而父母不相爱的家庭，养出的孩子大多内向敏感、充满自卑、情绪自控能力低下，像是一个矛盾体，很难与人建立良好和谐的亲密关系。

减少消极情绪

一、积极情绪的六个方面

芭芭拉·弗雷德里克森在《积极情绪的力量》中的一段话非常耐人寻味：完全相同的温暖阳光，完全相同的忙碌清晨，一个我满是疲惫、烦恼、挫败和敌对，而另一个我则欢欣、体贴、高效并充满活力，上天究竟施了怎样的魔法？

这段话反映了积极情绪的六个真相：

第一，积极情绪让我们感觉良好。我们并不是因为生活圆满、身体健康才感受到积极情绪的，而是因为积极情绪创造了圆满与健康。

第二，积极情绪改变我们的思维。它拓展人们关于可采取的行动的想法，打开我们对常规之外更广泛的思想和行为的意识，它涉及的尺度更大。积极情绪能拓展我们的思维，拓宽我们的视野，敞开我们的心灵，使我们更善于接受、更富有创造性。

第三，积极情绪改变我们的未来。通过开放心灵和思想，我们能够发现和构建新的技能、新的关系和新的生存方式。从构建心理优势、良好的心智习惯、社会联系、健康的身体等方面来帮助我们做一个成功的自己。

第四，积极情绪抑制消极情绪。积极情绪能够让你置身于更好的状态中妥善处理新情况。

第五，积极情绪受到一个临界点的调控。

第六，我们可以提高自己的积极情绪。让我们每天保持一种乐观、积极的心态，从内心深处由衷地表现出积极情绪，用它去思考生活中的每件事的意义。我们不仅在这个过程中享受了在这个世上的美好，更为自己积极情绪的成长铺平了道路。

积极情绪让我们活得更好，而消极情绪让我们得以活到今天。每种消极情绪对应着“特定行为倾向”。比如，恐惧引发了逃跑，愤怒驱动了攻击，厌恶导致了排斥，等等。在远古时代，人类面临的挑战主要是来自生存的挑战，生存是关键。人类的祖先在感受到特定的情绪时，会在脑海中涌现出对应的行为模式，从而在生死关头迅速作出反应并行动。直至现在，我们的基因深处依然保存着人类祖先对洪水、猛兽、饥饿的记忆。“特定行为倾向”解释了情绪的由来，即自然选择的力量是如何塑造情绪并将它保存为我们人类的本性的。反过来，特定的行为倾向也“体现”了情绪。它解释了为什么情绪可以通过主导一系列的生理变化，进而影响我们的思想和身体。比如，当人们感知到危险来临时，下丘脑的交感神经中枢受到刺激，引起交感神经兴奋，进而促进肾上腺素的分泌，促使心跳加快、血管收缩、血压升高、呼吸加快加深、情绪紧张、毛发竖立、面红耳赤，这些生理变化都和情绪兴奋有关。情绪，不论是积极的，还是消极的，都能够为特定的行为产生驱动力，都会引发人们行动的动机。它们都是进化的过程中人类祖先留给我们的最宝贵的财富。

虽然消极情绪和积极情绪都是每个人所有的，但人们都想将消极情绪更多地转为积极情绪，这就要提高积极率。什么是积极率？积极率就是积极情绪和消极情绪的配比。同时，积极率还存在一个临界点，如果你可以把你的积极率提到关键的临界点以上，你的生活就好像是被加热了一样开始积极向上；如果你的积极率刚好在临界点之下，你的人生就开始枯萎凋零。芭芭拉经过大量的实践研究，发现最合理的积极情绪与消极情绪的比值是积极率3：1。当低于3：1时，人们就会进入一个由消极情绪驱动的恶性循环，会感到无法掌控自己的行为，负担沉重，有时甚至觉得了无生趣。积极向上的人平均积极率都高于3：1，消极落后的人积极率则低于3：1。当积极率高于3：1时，人们就开始心情放松，进入一个由积极情绪推动的良性循环中，变得不再墨守成规，而是更具创造性，感到振奋和充满活力。

二、增加积极情绪的方法

如何减少消极情绪，增加积极情绪，获得欣欣向荣的人生？

消极情绪并非来自我们不幸的遭遇，而是来自我们如何看待不幸。我们可以做一些事情让自己忘掉烦恼，如慢跑、游泳、做瑜伽等；我们可以通过哭把烦恼宣泄出来；我们还可以去欣赏让我们感到厌恶的人。

方法1：反驳消极思维

当消极情绪出现时，驳斥不合理的信念和认知。消极思维会滋生消极情绪。要阻止这种消磨生命的循环，一个方法就是反驳消极思维。例如，有个朋友的孩子没考上重点高中，她就觉得孩子考不上重点高中就考不上好大学，所以她很难过。她的这种消极情绪是由消极思维带来的。这时候可以运用反驳消极思维的方法排解她的消极情绪。我跟她说，孩子考不上重点高中就一定考不上好大学吗？我邻居的孩子就是在普通高中考上了重点大学。她想了想说："是呀！"也因此不再难过。

方法2：打破思维反刍的桎梏

思维反刍煽动着消极情绪的气焰，因为当你思维反刍的时候，你是透过消极情绪扭曲的镜头来看待一切的。当你陷入这样的状态时，你要认识到这种思维反刍并不能给你带来任何好处，所以要减少对问题的过度担忧和反思，做些让自己开心的事，或做一些能让你将思维从麻烦中转移开的事情，如慢跑、在大海中游泳、修理你的自行车、在体育馆举重、冥想或做瑜伽。无论如何，找到一种能让你完全投入的活动。也许，你可以给你的朋友打电话，问问他最近的旅游经历；或者你可以阅读那些你一直都想读的文章；抑或摆弄你的新手机；等等。

比如，有一个妈妈因为孩子谈女朋友而和孩子产生了激烈的争吵。儿子急了，瞪着眼睛，狠狠地跟妈妈说了一句话："我就要跟她好，她对我比你对我好。"这位妈妈一边哭一边和我说："这个狼崽子，我养他这么大容易吗，现在居然嫌弃我。我都好几天睡不着觉了，每次想到他说的话，我就难过。这个女孩文凭低，他和这个女孩结婚后，万一不幸福怎么办？"我劝她想开些，把这件事忘了，因为孩子到了谈恋爱的年龄就可以谈，他选择的后果要自己承担，当父母的少干预，可以干一些自己喜欢、开心的事情，去跳个广场舞，找姐妹聊聊天什么的，先让自己开心起来。一周后，她给我打电话说："我这几天挺开心的，和朋友一起去骑自行车，去做瑜伽，感觉走出来了。”

方法3：拆除消极情绪地雷

观察自己在哪些事情上容易出现消极情绪，并反思自己为什么会这样。有个家长给我打电话说，她和孩子因为考试成绩起了冲突，气得自己哭了半个小时。每次孩子考不好，她就会和孩子起冲突。我让她先平复，反思一下为什么会这样。她在上学的时候学习很好，但是在上初中的时候家里发生了变故，被迫辍学，老师说，如果她不辍学一定会考上个好大学。所以，她就想让孩子好好学习，一定要考上重点大学，来圆自己没圆的梦。找到了原因，她也就明白了，不能把自己未完成的心愿强加给孩子，要多鼓励孩子，让孩子活出自己该有的样子。

方法4：减少消极信息的摄入

减少消极信息的摄入，将时间用在让你感觉愉悦的事情上。在这个信息泛滥的时代，人们每当空闲时，总是习惯性地打开手机，去浏览各种各样的信息，即使信息本身非常无聊且无用也停不下来，仿佛只有让大脑充分浸泡在信息之中，才能避免空虚的入侵。就这样，我们在信息的汪洋大海中随波逐流，不知所终。有的家长睡觉前、早上起床后先拿手机看，长此以往对孩子会产生反面影响，以后孩子痴迷手机的可能性会很大。家长不如和孩子一起做一些有意义的事情，如一起到大自然中感受风光，和孩子一起做一些有意义的游戏，等等。

方法5：为嚼舌与嘲讽找替代品

比起抱怨和指责他人的缺点，夸奖他人的优点会让你更愉悦。当你谈论别人的时候，要强调他们的积极品质，而不是他们的缺点和错误；当你想要取笑别人的时候，可以轻描淡写地说一语双关的话，而不是冷嘲热讽；避免使用隐性的言语攻击。如果你当着孩子的面骂别人、嘲讽别人，孩子也会模仿，在学校也会讽刺攻击同学。

方法6：应对周围的消极源

你如果因为身边的人消极而烦恼，可以观察自己的哪些行为助长了对方的消极情绪，多看到对方的积极品质和优秀的地方，并反思这个契机能给自己带来哪些成长。

家长要有积极的情绪

曾经接到一个母亲的热线求助，她说孩子不爱学习，这次是因为孩子没写作业，自己非常生气，从头天晚上到第二天她打了孩子两次，第一次使用拳头，第二次当她拿出扫床工具的时候，孩子的腿都吓软了。这位母亲说感觉自己当时就是那种校园欺凌者。这位母亲说孩子前天的作业没写，昨天的作业没写，这不是第一次没完成作业了。她打孩子的时候，刚开始孩子很坚强，但后来应该是太疼了，哭得很厉害，孩子实在受不了就认错了。这位母亲说这次打孩子挺狠，当时她拽着孩子的衣服领子，扭着孩子的胳膊，把孩子逼到了阳台，而且孩子还出现了挤眉弄眼的情况。

这位母亲说，打了孩子她也后悔，觉得自己从一开始就没有正确地教育孩子。这位母亲说她自己也有生活的压力，经常情绪不稳定，和老公关系不好，夫妻之间会动手解决问题，老公曾打过自己，老公的前妻就是被打跑的。这位母亲想，如果孩子不写完作业，爸爸会更严厉地惩罚孩子。家里还有个五岁的上幼儿园中班的老二，这位母亲把老大看成一个大人，希望孩子能独立完成自己的事情，还对孩子说："如果再不写作业就收拾东西滚蛋。"

不难看出，这位妈妈没有控制好自己的情绪。丈夫打她，她把情绪转移到了孩子身上，这会给孩子身心造成很大的伤害。

2020年9月17日下午，武汉市江夏一中九年级学生张某锐在教室与另外两名同学玩扑克牌被抓，班主任随即请三名学生家长到校配合管教。该生在教学楼楼道被母亲教训，其间挨了两耳光。母亲离开后，男生默立两分钟后，转身爬上栏杆从五楼跳下，不治身亡。这位母亲如果能控制好自己的情绪，也就不会出现无可挽回的结果。

心理学上有个“踢猫效应”。一位父亲在公司受到了老板的批评，回到家就把沙发上跳来跳去的孩子臭骂了一顿。孩子心里窝火，狠狠去踹身边打滚的猫。猫逃到街上，正好一辆卡车开过来，司机赶紧避让，却把路边的孩子撞伤了。这就是心理学上著名的“踢猫效应”，描绘的是一种典型的坏情绪的传染所导致的恶性循环。

图3-2　踢猫效应

当一个人的情绪变坏时，他的潜意识会驱使他选择下属或无法还击的弱者发泄。受到上司或者强者情绪攻击的人又会去寻找自己的出气筒。这样就会形成一条清晰的愤怒传递链条，最终的承受者，即“猫”，是最弱小的群体，也是受气最多的群体，因为会有多个渠道的怒气传递到它这里来。就像很多父母有了情绪就会朝着最弱小的孩子发泄，从而伤害了孩子。

所以父母要控制好自己的情绪，就应先处理情绪，再处理事情。拿破仑曾经说过，一个能控制自己情绪的人比拿下一座城池的将军更伟大。父母的情绪中藏着孩子的未来，父母情绪控制不好，会造成无法挽回的后果。那么，父母应该怎样控制自己的情绪呢？

第一，认知调节：面对同样的问题，从不同的角度去看，可以产生不同的态度与想法。情绪ABC理论是由美国心理学家埃利斯创建的，该理论认为激发事件A（Activating event）只是引发情绪和行为后果C（Consequence）的间接原因，而引起C的直接原因则是个体对激发事件A的认知和评价而产生的信念B（Belief），即人的消极情绪和行为障碍结果（C）不是由于某一激发事件（A）直接引发的，而是由于经受这一事件的个体对它不正确的认知和评价所产生的错误信念（B）直接引起的。错误信念也称为非理性信念。所以，可以通过改变错误信念来调节情绪。例如，如果你认为孩子这次考试没考好，以后考不上好大学就不会有好工作，将来就不幸福，那你就会产生难过的情绪。如果你转换一下想法，认为孩子这次没考好不代表下次考不好，只要吸取教训，好好努力，下次一定会考好的，那你就会产生开心的情绪。

第二，合理宣泄：我们心情不好时，可以向同学、朋友、亲人和师长等倾诉自己心中的烦恼，或者写日记。

第三，心理放松：可以通过深呼吸放松肌肉来调节情绪，如用吹蜡烛式深呼吸能快速调节情绪。

第四，行为调节：走进大自然，看看风景，闻闻花香。嗅觉对我们的情绪调节作用是最快的，因为气味经过杏仁核立马就会产生情绪反应。人心情不好时闻闻香气立马就会感到神清气爽。也可以通过做运动、听音乐、逛街等活动转移注意力来调节情绪。

愿所有父母都能做自己情绪的主人，用自己积极的情绪感染孩子！

增加积极情绪

我们应如何增加积极情绪呢？首先要放慢我们的脚步，细细品味生活中的美好，无论是一个微笑、一次触摸还是一个拥抱。这里总共有11种方法，每种方法都能让你离幸福越来越近。

方法1：真诚

比如，体验真诚的积极情绪，而不是让自己假装快乐。

方法2：找到生命的意义

找到生命的意义，了解自己想要做什么，有哪些理想和目标。当你将不愉快甚至悲惨的情况以积极的方式重新定义时你就增加了积极情绪。

方法3：品味美好

品味生活中的美好，当好事发生时，不要把它归因于运气，而是坦然接受这份美好。比如，放下手机，专心和孩子聊天，你会发现孩子天真好奇的想法很美妙，你会惊讶于亲人间的心意相通让孩子感觉非常好。还有就是闲暇时和另一半聊聊天，拉着手散散步，分享一下你的好消息。科学家已经证明，一个最简单的、快速从好运中获得积极情绪的方法，是养成与配偶、亲人或者亲密的朋友分享你的好消息的习惯。

方法4：数数你的福气

数数你的福气，温暖的阳光、新鲜的空气、路边开放的鲜花……都是平凡的生活送给我们的珍贵礼物。

通过移动你习惯性思维的河床，你可以把不好的事情重新定义为好事情，并把好事情变得更好。你甚至可以对普通的事情采取同样的做法。你可以选择一些平凡的、沉闷的事情，让它们迸出火花。

例如，我每天上下班的时候，都会和小区门口的保安大爷打招呼，我还没到门口的时候，保安大爷就用钥匙给我开门，我从来不用自己开门。而且我每次上班下班到门口，大爷总是会满脸笑容地跟我招手，说一句“上班去啊”“下班了”。我感受到了来自大爷的关心，感觉暖暖的。我也会每天向大爷问好，所以每天经过小区大门时，我都感受到了幸福。

将看似平凡的事件转变为福气，所带来的收获可能在你的人际关系中更加显著。

方法5：感受善意

感受善意，即发现自己对他人的善意和他人对自己的善意。

方法6：追随你的激情

追随你的激情，做你真正感兴趣的事和想做的事。带着激情生活，给自己玩乐的权利，找到能够让自己获得心灵体验的独一无二的活动。

方法7：梦想你的未来

梦想你的未来，想象未来的你会身处什么样的环境，做哪些事情。为你自己构想最好的将来，并非常详细地将之形象化。

方法8：利用你的优势

利用你的优势，做你最擅长的事，充分发挥你的潜能。优势是高度个性化的，因人而异。一些优势确定了你在工作中的哪些方面能作出贡献，如果将优势整合起来，则确定了你可以对生活的哪些方面作出贡献。

方法9：与他人在一起

与家人、朋友在一起，体验积极的情感支持。当你和他人在一起的时候，你的微笑更多，欢笑更多，享受到更多的积极情绪，并且能与他人建立更深入和更令人满意的联系，你的生活更丰富。

方法10：享受自然的美好

享受自然的美好，体验花草树木、山河湖海带给自己的美妙感受。对于积极情绪来说，自然环境可能同社会环境一样重要。因此，提高你的积极情绪的另一种非常简单的方法就是到外面去。更确切地说，要在阳光灿烂的好天气里外出。户外活动可以让你看得更远，并拓展你的思维，让你对更多的事物感觉良好。

方法11：打开你的心灵

打开你的心灵，坦然地迎接美好，积极情绪就会自然而然地随之而来，就像向日葵随着阳光绽开一样。

这些方法结合在一起，可以更多地释放你身上六种最常见的积极情绪——爱、喜悦、感激、宁静、兴趣和希望。它们被释放后，将打开你的思维，使你迈向坚韧和成长的轨道。

生活给了我们消极的情绪，创造积极情绪是我们自己的事。用你的真心、细心和创造力创建你自己的积极情绪档案袋。如果你种下积极情绪的种子，你就会收获欣欣向荣的人生。

这家算了吧

我曾被邀去给我校高二班里的五名孩子做团体心理疏导。在进行团体辅导的过程中，有一个孩子第一轮拿了一个房子模型，代表自己的家，但是这个家被沙子埋藏了，第二轮他拿了一头大蒜放在这个家的上面。进行沙盘分享的时候，我问他的沙盘代表什么，他说："老师我就用一句话总结，这个家算了吧。"后来我单独跟他进行了谈话，他说："老师，我爸爸和妈妈正在闹离婚，我心里很烦，原来他们俩就喜欢吵架，每次吵架我都挺烦。现在他们就要离婚了，老师，我真的没有心思学习，我整天在想他们离婚了我跟着谁呢，我以后怎么办呢，生在这样的家庭环境里，感觉一切都没有意义。"看着他难过的样子，我轻轻拍着他的肩膀安抚他。

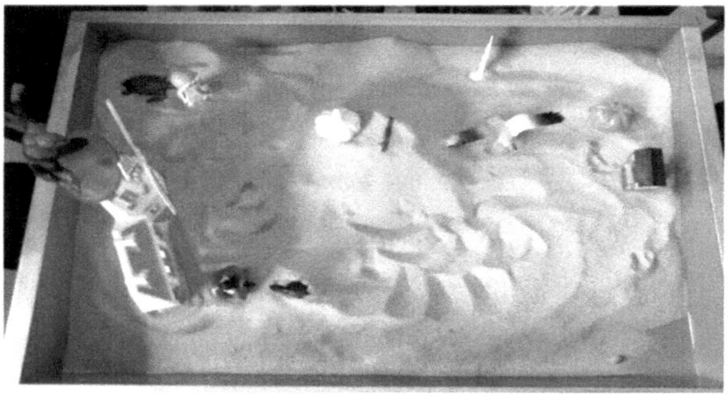

图3-3　孩子做的沙盘模型

这个孩子从小生活在一个没有安全感的家庭环境里，身在学校，心却早就飞到了家里，他没有来自家庭的安全感，没有享受到来自父母的爱，没有人关注到他的心理需求，他怎么会把精力放在学习上呢？

家庭教育是一切教育中最基础的教育。学者们对家庭教育的研究和认识是一个不断发展的过程，对于家庭教育概念的界定亦是一个不断深化的过程。赵忠心认为："家庭教育是指在家庭生活中，由家长，即由家庭里的长者（其中主要是父母）对其子女及其他年幼者实施的教育和影响。"缪建东认为家庭教育有广义和狭义之分，他指出："广义的家庭教育既包括家长对子女的教育，也包括双亲之间、子女与子女之间、子女与祖辈之间相互产生的教育影响。狭义的家庭教育主要指父母对子女所形成的影响。"

家庭是孩子赖以生存的土壤，要想让孩子健康成长，家长首先要做的就是给孩子创建积极的家庭环境。家长们可以从以下几个方面来做。

第一，让孩子感受到足够的安全需求。这就要求给孩子创设一个温馨的家庭环境，父母给孩子最好的爱就是爸爸爱妈妈、妈妈爱爸爸。有了温馨的家庭环境和恩爱的父母，孩子不管在学校还是走上社会都会有足够的安全感，都会有信心面对一切困难。

第二，让孩子感受到被尊重，这样父母和孩子之间就会有良好的亲子关系。良好亲子关系的八大法宝是尊重、理解、接纳、包容、真诚、信任、欣赏、平等。

第三，父母调节好自己的情绪。这样才会避免亲子冲突，避免造成不可挽回的后果。父母情绪稳定，教育出的孩子多半性格温和；父母情绪不稳定，孩子多半性格偏激。

第四，传承好家教，弘扬好家风。积极家庭教育应主张弘扬中华优秀传统文化，积极学习儒家、道家、墨家等积极的教育思想，传承优良的家风、家教；借鉴优秀的文学诗篇、艺术精华，把这些文化经典作为家庭教育的积极资源。亲子共读经典，共学文化成果，既能提高父母的家庭教育素质，又能让孩子受到优秀文化的熏陶，进而崇尚先贤的高尚人格并领悟其思想精华。孩子在感悟他人的生命价值中，能积极思索自我生命存在的价值。"家庭是家风、个人品质修养形成的重要平台。家风不仅会影响到个人，也会影响到自己的上代、下代，自己的朋友圈。"好的家风形成需要言传身教，以身作则，应做在经常、融入日常，以家风建设助力作风涵养，以家庭和睦引领社会和谐。我们从每个班中选出家风正的家长进行宣讲，还列出书目请家长和孩子共读，如《毛泽东家风》《谢觉哉家书》《吾家小史》《跟古代名人学家风家教》《钱文忠解读弟子规》《曾国藩家书》《弟子规》《菜根谭》《傅雷家书》《二十四孝》《孔子做人做事智慧全集》等。

第五，要有良好的家庭关系。孩子的父母首先要搞好夫妻关系，因为和谐的家庭、恩爱的父母是孩子安全感的来源。家庭成员之间要感情融洽、关系和谐。家庭成员彼此尊重信任、关心爱护，感情融洽、生活和谐，这些都是重要的家庭环境因素。家庭和睦对孩子的教育、品德培养、体智美的发展和心理健康会起到事半功倍的功效。

第六，要有有规律的生活模式。家庭要有合理的生活作息制度和行为常规，如按时起床、休息、进餐，少吃零食，注意卫生，合理分担家务，尊老爱幼，礼貌待人，言谈举止文明，外出办事互通情报或留条，等等。

第七，要有良好的文化氛围。积极健康的文化体育娱乐活动不仅可以调节家庭气氛，使家庭充满乐趣，而且能陶冶家庭成员的思想情操和精神情趣，并提高家庭成员的文化修养水平。

总之，对孩子来说，最大的安全感来自和谐的家庭、恩爱的父母。父亲是天，母亲是地。家庭关系中夫妻关系居第一位，父母一定要成为积极寻求快乐的人、积极理性的家长，进而努力营造安全、快乐的家庭环境，给孩子以安全感和信任感，让孩子健康成长。

第四章

父母做好自己

家庭中父亲的角色

我曾参加一所小学的家长进校园活动，其中有一个环节是家长提建议。有个孩子的妈妈给学校提了一个建议，就是学校在招聘老师的时候，能不能多招聘几个男老师，因为感觉女老师太多了，缺少男老师，孩子会缺少阳刚之气。

小军三岁的时候父母就离婚了，他从此跟着妈妈生活，且父亲再没有出现在他的生活中。妈妈为了生活到工地干活，每天到家都是晚上11点多了，很少管孩子，而且妈妈经常对小军说他的爸爸怎么怎么不好，小军从小就没有父亲的概念。渐渐地，小军开始逃学，和同学关系也变得不好。到了初二小军完全成了一个“僵尸人”，在家不是躺着看手机就是坐着看手机，没有一点力量，站都站不稳，脊柱也发生了变形。在小军的成长过程中，父亲和父亲家族的力量是缺失的，所以，就像人的两条腿一样，他缺少了一条腿，没有力量站起来，所以就成了“僵尸人”，只能躺着。

在家庭教育中，父亲的角色相当重要，而很多家庭的现实状况是父亲缺位，妈妈焦虑，所以出现了失控的孩子。其实，在家庭教育中，父亲和母亲的角色缺一不可，不缺父爱母爱的孩子是比较有力量的，一旦缺少一方的爱，孩子就没有力量。所以，尤其是孩子上初中以后，父亲要尽量参与孩子的学习生活，多给予孩子关注与正向的引导，并给予孩子力量及支持，为孩子的成长保驾护航！这也会提高孩子的阳刚之气！

澳大利亚一项研究数据显示：75%的男性被工作累得精疲力尽，回到家后会呈现出应付孩子的状态，孩子在父亲身上获得关注的时间有时甚至不足15分钟。缺乏父亲关爱和陪伴的孩子，通常容易出现学业不佳、走上歧途、无知犯罪、与异性交往障碍等种种问题。

著名的心理学家格尔迪说："父亲是一种独特的存在，对培养孩子有一种特别的力量。"英国著名文学家哈伯特也说过："一个好父亲胜过100个校长。"心理学家发现：一个人是否能够取得成就很大程度上取决于他的父亲。父亲是孩子生命中的"重要他人"。同样一句肯定的话，如果是爸爸说出来，对孩子的影响力会是妈妈的5倍。妈妈对孩子的影响是让孩子感受到爱，而爸爸则是孩子心中的榜样，影响孩子对生命的看法、人格的形成。

在养育孩子的过程中，父亲的角色是母亲不能完全代替的。如果把培养教育孩子的重担完全交给母亲承担，是不利于孩子的健康成长的。男人一般具有实践丰富、心胸开阔、性格刚强等长处，这对于教育子女是一种优势。父亲在子女个性形成和行为塑造方面起着非常重要的作用。父亲对于孩子承担的主要是人格、创新、性别角色示范、人文素质等方面的教育。儿童心理学研究表明，孩子种种同性别角色相符合的行为，与他们在婴幼儿时期父亲的教养是分不开的。幼儿期是孩子形成正确性别角色的关键时期，男孩从父亲那里观察、模仿男性的语言和行为，逐步树立起"男子汉"的气概；女孩则从父亲那里接受、学习同异性接触和交往的经验，这对孩子身心健康和人格发展有极大的促进作用。许多做父亲的没有意识到自己在塑造孩子人格方面发挥的作用。

目前有越来越多的资料显示：父亲对孩子的影响不仅涉及智力，还涉及体格、情感、性格、品德等多方面。长期缺乏父爱的孩子可能会患上"缺乏父爱综合征"，从而造成认知、个性、情感、体格方面的障碍与缺陷。与父亲接触少的孩子，其体重、身高、动作等方面的发育速度都要落后，普遍存在焦虑、自尊心低下、自控力弱等情感障碍，表现为抑郁、孤独、任性、多动、有依赖感。

国外研究显示，"缺乏父爱综合征"的孩子与那些充分获得父爱的孩子相比，中学辍学率及成年后犯罪率均高出2倍；假如是女孩，长大后成为单身母亲的概率则比那些充分获得父爱的孩子高出3倍；缺乏父爱的孩子年龄越小，患综合征的概率越大。耶鲁大学一项持续12年的研究表明：由男性带大的孩子智商更高，他们在学校里的成绩往往更好，走向社会也更容易成功。可见，全身心地扑在事业上，也许会换来更殷实的家境，为孩子赢得更好的成长平台，却不见得能让孩子感受到更多父爱，心理成长更顺利。

“妈妈的爱决定了孩子的温度，爸爸的爱决定了孩子的高度。”父亲虽然要忙于事业，但也得关注孩子，在孩子的成长过程中多陪伴孩子，给孩子支持和正向的引导，给孩子鼓励和力量。

不要否定另一半

一天，有个孩子找到我，很伤心，他跟我说妈妈经常对他说爸爸的不好，他感觉非常烦。

这位妈妈的做法是不可取的，但实际上有很多父母这样做，有的爸爸会对孩子说妈妈的不好，有的妈妈会对孩子说爸爸的不好。

根据心理学家马斯洛的“需求层次理论”，当人的生理需求得到满足，也就是吃饱穿暖之后，其最大的渴望就是爱与归属感。孩子最大的渴望就是与父母联结的归属感。那么，孩子是通过什么方式与父母联结的呢？就是和父母做相同的事。只有通过和父母做相同的事，孩子才会感觉到“我们是一起的”，这就是归属感的需求。

如果妈妈经常对孩子说：“你爸爸是懒惰、不负责的人，你以后不要像他一样！”而爸爸经常对孩子说：“你妈妈爱唠叨，你以后不要像她一样唠叨！”这样的孩子长大后肯定会出现这些行为——懒惰、不负责、爱唠叨。为什么呢？因为他内心强烈需要和他的父母联结，但有关他爸爸妈妈的信息全是负面信息，他只能跟这些信息联结，做出相同的行为来获得与父母联结的归属感。简单地说就是你越不尊重对方，孩子就会越像那个人。

所以父母要提供更多正面的信息来满足孩子联结父母的需求，妈妈可以说：“孩子你真了不起，你和你爸爸一样聪明！你和你爸爸一样讲义气！你和你爸爸一样人缘很好！”爸爸可以跟孩子说：“你和你妈妈一样很善良！你和你妈妈一样很有爱心！”这样，孩子会朝好的信息方向与父母联结，心中对归属感的需求也会得到满足。

其实孩子在成长过程中，既需要母亲家族的力量也需要父亲家族的力量，这样孩子才会有力量，如果夫妻一方缺失，孩子就会没有力量。如果妈妈经常给孩子灌输“你爸爸不好”等信息，就完全排斥了父亲家族的力量，孩子就会极度没有安全感。

一旦孩子出了问题，家长就要先反思自己的问题，就像我们照镜子一样，如果镜子里面的人脸上出现了一颗痣，我们去擦镜子有用吗？只擦镜子，镜子中的痣是不会消失的。也就是说，镜子里面的人脸上出现了一颗痣，不是镜子有问题，而是人自己的问题。很多时候不是孩子出现了问题，而是我们家长、家庭出现了问题，而家庭中的问题只是经过孩子投射出来、反映出来而已。所以，一旦孩子出现了问题，家长首先要进行自我反思，看看是不是自己的家庭教育出现了问题。然后，针对问题进行反思，找到根源，进行改进。

父母“依法带娃”

《中华人民共和国家庭教育促进法》（以下简称《家庭教育促进法》）于2022年1月1日开始正式实施，这是我国首次就家庭教育进行专门立法。家庭教育从“家事”上升到“国事”，父母们开启了“依法带娃”的时代。

2021年1月、8月和10月，经过全国人大三次审议草案，《家庭教育促进法》于10月23日正式表决通过。该法分为六章五十五条，分别从家庭责任、国家支持、社会协同和法律责任等方面对未成年人监护人和社会对家庭教育应当承担的责任进行了划分和规定。这是继《中华人民共和国教育法》《中华人民共和国义务教育法》和新修订的《中华人民共和国未成年人保护法》后，又一部教育领域的重磅法规。

一、《家庭教育促进法》的背景

全国妇联家庭教育状况调查显示，50%的家长不知道用什么方法教育孩子。多数父母存在不同程度的养育焦虑，过于关注孩子的学习成绩，缺乏对孩子思想品德、行为习惯的养成和劳动、运动等能力的培养。

二、《家庭教育促进法》的目的

为了发扬中华民族重视家庭教育的优良传统，引导全社会注重家庭、家教、家风，增进家庭幸福与社会和谐，培养德智体美劳全面发展的社会主义建设者和接班人而制定本法。

《家庭教育促进法》的目的之一是引导全社会注重家教、家风的建设。

家风、家教是父母给孩子的最宝贵的财产。很多人只注重物质财产的继承，却忽视了家学、家风的传承。学校对人的提升是有限的，一方面，现阶段教育很难做到因材施教；另一方面，学校的教育还是有些偏重于知识的传授，人未来的发展还是要以社会实践为主。所以孩子成才的关键因素就是良好的家教、家风。

在精神方面，父母最重要的财产是什么？是积累的知识、经验，是一些优秀的品格和习惯。父母需要把这些都系统地提炼出来，传承给下一代。

言传不如身教，你还得做好榜样，把你的优秀品质传给孩子，形成良好的家风。中华民族不拜鬼神，只拜祖宗，就是对传承的重视。

父母应当注重家庭建设，培育积极健康的家庭文化，树立和传承优良家风，弘扬中华民族家庭美德，共同构建文明、和睦的家庭关系，为未成年人健康成长营造良好的家庭环境。

三、《家庭教育促进法》的主要内容

《家庭教育促进法》一共分为六章，主要内容为家庭责任、国家支持和社会协同、法律责任以及附则等方面，是一部指引性的法律。

四、《家庭教育促进法》的指向

《家庭教育促进法》明确指出，家庭教育是指父母或者其他监护人为促进未成年人全面健康成长，对其实施的道德品质、身体素质、生活技能、文化修养、行为习惯等方面的培育、引导和影响。

五、孩子犯错，家长会受到惩罚吗

《家庭教育促进法》第四十九条规定，公安机关、人民检察院、人民法院在办理案件过程中，发现未成年人存在严重不良行为或者实施犯罪行为，或者未成年人的父母或者其他监护人不正确实施家庭教育侵害未成年人合法权益的，根据情况对父母或者其他监护人予以训诫，并可以责令其接受家庭教育指导。

六、父母教育子女的方式

《家庭教育促进法》规定，未成年人的父母或者其他监护人实施家庭教育时，应当关注孩子生理、心理、智力的发展状况，要尊重其参与家庭事务和发表意见的权利，合理运用以下方式方法：

1. 亲自养育，加强亲子陪伴。

2. 共同参与，发挥父母双方的作用。

3. 相机而教，寓教于日常生活之中。

4. 潜移默化，言传与身教相结合。

5. 严慈相济，关心爱护与严格要求并重。

6. 尊重差异，根据年龄和个性特点进行科学引导。

7. 平等交流，予以尊重、理解和鼓励。

8. 相互促进，父母与子女共同成长。

9. 其他有益于未成年人全面发展、健康成长的方式方法。

《家庭教育促进法》还要求父母应当与中小学校、幼儿园、婴幼儿照护服务机构、社区密切配合；在未成年人的幼儿园、中小学等重要时段父母要对其进行有针对性的学习，掌握科学的家庭教育方法。

七、家庭教育的主要内容

根据《家庭教育促进法》，家庭教育的主要内容包括：铸牢中华民族共同体意识，培养家国情怀；培养良好的社会公德、家庭美德、个人品德和法治意识；培养良好的生活习惯和行为习惯，确保身心健康；等等。

值得注意的是，在家庭教育工作经费上，《家庭教育促进法》也有明确的规定：县级以上人民政府要制定家庭教育工作专项规划，将家庭教育指导服务纳入城乡公共服务体系和政府购买服务目录，将相关经费列入财政预算。《家庭教育促进法》还规定，未成年人的父母分居或者离异的，应当相互配合履行家庭教育责任，任何一方不得拒绝或者怠于履行；除法律另有规定外，不得阻碍另一方实施家庭教育。

《家庭教育促进法》也明确了教育方式的禁止行为：不得实施家庭暴力，不得歧视孩子，孩子学知识学不会说孩子笨也是语言上的歧视。未成年人的父母或者其他监护人不得因性别、身体状况、智力等因素歧视未成年人，不得实施家庭暴力，不得胁迫、引诱、教唆、纵容、利用未成年人从事违反法律法规和社会公德的活动。

过好自己的人生，给孩子一片阳光

我曾接到一个初一学生妈妈的求助，妈妈哭诉说，女儿初一了，寒假后刚开学就不愿意去上学，说去上学没意思，想死。平时孩子学习还行，但在学校没朋友，和同学很少交流。在家上网课期间，经常玩游戏。六年级下半年开始就说过要离家出走，上网课后孩子变得更加极端，有些自卑。孩子大约三岁的时候，父母离婚，跟着奶奶生活，妈妈没时间陪孩子，孩子曾经跟妈妈说过："妈妈，我们家不像别的小孩那样有爷爷、奶奶、爸爸和妈妈。"孩子小学五年级的时候，由于妈妈身体不好，跟着爸爸生活了一年，之后爸爸又重新组建了家庭，她在爸爸那里很不自在，就又回到妈妈身边。有一次，孩子跟妈妈说："妈妈，我们俩一起死吧。"

妈妈说自己过得也不好，不是很乐观，曾经感觉抑郁，平时也不爱说话。离婚后，在孩子上六年级的时候她重新组建了家庭，从此孩子就离开她和奶奶一起住，她每天都会去奶奶那里看孩子。妈妈说："现在我挺后悔，感觉亏欠孩子很多，我就是不要婚姻，也要孩子，老师，请您救救我和我的女儿吧。"

听完妈妈的倾诉，我问了这位家长一个问题："你觉得你自己过得怎么样？你的人生对你的孩子有什么样的影响？"她沉思了很久，说："我觉得孩子可能受了我的影响。"

是的，这个孩子从小生活在一个极度没有安全感的家庭，小时候父母离异，跟着奶奶生活，没有爸爸妈妈的陪伴，她多么渴望像别的小朋友一样有个完整的家。妈妈婚姻一塌糊涂，离婚后再婚也不如意。而且孩子和继父不说话，跟着奶奶睡，孩子就没怎么得到过妈妈的关爱。妈妈平时心情不好，曾经抑郁，妈妈的一切孩子都看在眼里，在她眼里，妈妈过得挺苦的，所以孩子曾经说过：“妈妈，我们俩一起死吧。”她想和妈妈一起离开这个世界，寻求解脱。

孩子发展到现在这个地步与父母有很大的关系。经过沟通，妈妈已经清楚地认识到这一点。我给妈妈的建议是，首先过好自己的人生，过去的已经过去了，好好想想如何过好当下，调整好自己，让自己以积极的心态面对现在的生活，用自己积极的状态来影响孩子。家长调整好状态，每天乐观开朗，孩子会敏锐地捕捉到家长的变化，也就会慢慢走出阴霾，变得积极乐观。

每个人的生活都不容易，总会有这样那样的困难，但作为父母，我们要活出积极的自我，过好自己的人生，这样才能给孩子一片阳光！

当下的力量

有一次聚会，碰到了一个数年未见的老同学。她上学的时候是班上公认的大美女，学习成绩也好，毕业后找了一个非常有钱的老公，我们都羡慕她。这次聚会的时候她显得有点憔悴，其间，她诉说了自己的烦恼。她说这些年为了孩子操碎了心，尤其是孩子的学习，孩子不喜欢学习，学习成绩不好，她既着急又委屈，自己天天陪孩子，没有业余时间，从不出去旅游，基本不参加聚会，睡觉质量也不好，感觉自己像陀螺一样转来转去。

我跟她说，不要太着急，在孩子身上自己尽力了就行，每个孩子都有自己的命运，我们只要尽最大努力陪着孩子过好当下就足够了。这时，我给她拿了一颗葡萄，她一下子就吃了下去，我说你仔细品尝一下这颗葡萄的味道，感受自己当前的感受。有一次，释迦牟尼在讲法的过程当中，用手慢慢地剥开一个橘子，然后把一个橘子瓣儿放到了嘴里，告诉那些比丘们："只有这样你才能体验到橘子的味道。"有时候我们吃饭不知道饭菜到底是什么味道，因为我们在不停地说或者把吃饭当作一项工作，忽略了吃饭也是生活的一种重要形式。

就像《牧羊少年奇幻之旅》里写的："我现在还活着。当我吃东西的时候，我就一心一意地吃；走路的时候，我就只管走路；如果我必须打仗，那么这一天和其他任何一天一样，都是我死去的好日子。因为我既不生活在过去里，也不生活在将来中，我所拥有的仅仅是现在，我只对现在感兴趣。"假如你能总是把握住现在，你就能成为一个幸福的人。安住当下时刻，意味着你已经摆脱了无意识状态。消除了小我，你就能感受到生命的宁静、喜悦和爱。

《当下的力量》书中说未显化状态就是生命因分裂演化而造成多样性之前的那种无差别状态，是万物的无形源头。它是气的来源，是一个有着深深的宁静与和平的领域，并且有着喜悦和充沛的活力。而气是指身体内部的能量场，是我们的外体和源头之间的桥梁。它处于显化状态和未显化状态当中，也就是说，它是联结有意识和无意识的桥梁。咱们来做一个比喻吧，如果把气比作一条河流，那么未显化状态就是河流的源头，我们的目的就是将意识导向内在，回归源头。

那怎样才能通往未显化状态的大门呢？从书中总结来看有这样的六扇大门，我们来一一看一下。

第一扇大门，是觉察。

首先是保持觉知，做一个沉默的观察者，同时停止思维活动，不与思维认同。这里就涉及我们要觉察什么的问题，我们要觉察的是自己的内心状态及其意象。比如，你的思维、想法，思维中断的那种感觉；遇到各种情况时的反应是什么；我们对思维的评判或者宣战；大脑是如何贴标签的；当下的五感：看到的、听到的、感觉到的一切细节，你的情绪，想开悟的欲望，任何痛苦、恐惧的感觉等。其次是觉察防卫感，也就是对于观察的抗拒感，还有我们的抱怨，如身处的状况，别人说的话，做的事，我们身处的环境，生活情境甚至天气，对这些的抱怨，再有就是觉察内在身体的感觉。这些觉察可能带来什么效果呢？就是将不平和转化为平静，当你觉知你自己变得不平和时，这份觉知就会创造出一个宁静的空间，它用爱和温柔围绕着这些不平和，从而转变成平静。

第二扇大门，进入当下，保持临在/专注，瓦解心理时间。

首先我们要知道过去是过去的当下，未来是幻象的当下，是思维对未来的投射。我们如果不在当下，可能会陷入焦虑。那怎样进入当下呢？三点：①生命受到威胁的情况下，意识会自然转变到当下。②利用感官观察周围的一切，包括光线、形状、颜色、质感，注意是观察，不要判断。③将注意力集中在事情上，而不是结果上。因为行动的结果会自然产生，所以，只要不执着于结果，失败和成功就不会改变你的内在状态。如果无法忍受当下，我们有三个选择：①从这种状况离开；②改变它；③完全接受它（臣服）。

第三扇大门，臣服本然，全然接纳。

臣服是指无条件、无保留地接受当下时刻，是一种内心活动。臣服与行动无关，它不是消极地去忍受，不采取任何行动，也不是懦弱。请别把臣服与“我不愿再烦恼了”或“我不在乎”这种态度混淆在一起。因为如果仔细观察，我们就会发现，这种态度与消极心态有关，有隐藏的怨恨在其中，所以它根本不是臣服，而是戴着臣服面具的抗拒。臣服有三个机会。第一个机会：向当下的现实臣服。承认现实不能改变，因为它已经发生了。然后视情况而定，做你必须做的事情。第二个机会：接受内心状况，忘记臣服。这就是说，不要去抗拒痛苦，允许它的存在。请暂且忘记臣服。当你深深地陷入痛苦之中时，所有对臣服的谈论都可能无效和没有意义。第三个机会：深深感受痛苦，去全面地感受它。感受它，但不要去思考它。别让思维利用你的痛苦去创造一种受害者身份，为自己感到可怜，并将自己的故事告诉他人，这会使你困在痛苦中。所以，请将你的注意力集中在你的感觉之上，并且不要对它做任何心理标记。当深入这种感觉时，请你保持高度警觉。

第四扇大门，与内在身体联结。

联结内在身体可能会带来不适的感觉。比如当我们把注意力集中在身体上时，可能会产生焦虑、恶心、被压抑的情绪，那么这个时候怎么办呢？观察、承认、宽恕、接纳它们的状态。联结内在身体的方法：一是遇到挑战时，养成花几秒钟将注意力集中在身体上的习惯。二是自我疗愈冥想方法。三是可以把注意力集中在呼吸上，这是一种强而有力的冥想方式。四是请闭上双眼，并想象你被光亮包围或沉浸于发光的物体之中，然后在这光中呼吸。五是用身体去聆听：在倾听的时候，去感受你内在身体的能量场，从而将你的注意力从思维中带走，创造一个真正没有思维干扰、便于真正倾听的宁静空间。这样你就会给予其他人空间——存在的空间。六是感受内在身体的无边无界，更多地关注感受（它是无形、无限、深不可测的），而不是臆想。

第五扇大门，寂静。

寂静是所有声音表现形式的源头。寂静创造了声音，每一种声音都源于寂静，又消失在寂静中。联结寂静的方法：第一，将你的注意力更多地集中在寂静上而不是声音上。将你的注意力集中在外部的寂静上，会创造内在的寂静：思维停止了。第二，你也可以将注意力集中在词与词之间、句与句之间的间隔上。这样，寂静的范围就会在你的体内扩展，即使表面上看起来坚固的东西，包括你的身体在内，也都几乎有百分之百的空间。

第六扇大门，空间（无物）。

空间（无物）是未显化状态以外显的方式出现在感官的世界中。第一，空间（无物）是物体（事物）的源头。万物的本质都是空。如果无物，没有安置物体的空间，物体也不会存在。第二，联结空间（无物）的方法。请你去"意识"那些围绕着你的空间，别去思考它，感觉它就可以了，请关注"无物"。当你这样做时，在你的内心就会发生意识的转变。原因是，在内心上，与空间里的物体（如家具、墙等）相对应的是你的思维"物体"：观点、情绪和感受。而空间的对应物是使你思维"物体"存在的意识，就像空间使得万物存在一样。所以，如果你将你的注意力从空间的物体上移开，你就会自动地将你的注意力从思维上移开。

埃克哈特·托利的《当下的力量》告诉我们，人生中的很多痛苦是没有必要的，只要我们关注当下，向当下臣服，从当下汲取力量，就能打破痛苦的魔咒，去触碰到那早已存在于我们内在的喜悦、爱与和平。

这顿饭结束后，老同学脸上露出了久违的笑容，呈现出轻松的状态。她说："从此刻开始，我要关注当下，过好每一天。"我相信她，也祝福她！

其实，我们看书就是为了更好地指导生活，生活中很多事情都让我感受到专注当下的重要性。张德芬曾说过："我们所能拥有的，就是当下这一刻，未来就算一定会来临，它也一定是以'当下'的方式出现的，不是吗？"

所以，不为过去的事情感到悔恨、自责、愧疚，也不为将来的事情感到忧虑、惶恐、有压力。活在当下，可谓大道至简。可是达到这种状态，或者说灵活自如地运用它，也不是那么轻而易举的事。我们一起努力吧！

家长自我调节的方法

一、和孩子一起做放松训练

我们先做个放松训练吧。请选择你最舒适的姿势坐好，慢慢闭上眼睛，深深地吸气，慢慢地呼气，想象着你正躺在一片绿色的草地上，天空是蔚蓝色，天上有白白的云朵，非常美丽；深深地吸气，慢慢地呼气，草地上有很多小花，各种各样的颜色，几只蝴蝶围着花儿飞来飞去，非常开心；深深吸气，慢慢呼气，想象远处有一条小溪，清清的流水，潺潺的水声，很清凉；深深地吸气，慢慢地呼气，此时，你感到非常放松，从头发、头皮、眼睛、脸颊到嘴巴都非常放松，进而脖子、胳膊、手指都非常放松，胸膛、大腿、小腿、脚踝、脚趾都非常放松，深吸，慢呼，全身的每一寸肌肤都非常放松。深吸，慢呼，此时，所有的烦恼、紧张、恐惧、疲惫都随风而去，剩下的只有放松。当你感到足够放松的时候，我数到三，请你慢慢睁开双眼——一、二、三，慢慢睁开眼睛。

二、放松的方法

（一）自我放松

找一个安静的环境，以舒适的姿势坐下，轻轻闭上双目，放松全身肌肉，用鼻子进行自然的深呼吸，腹部扩张，想象空气充满了腹部。

在连续的呼吸中，完全扩张胸部和肺部，感觉胸部正缓慢上升。想象空气正在腹部和胸部间向各个方向扩张。通过鼻子缓慢地呼气，呼出时间比吸入时间长，呼吸至少一分钟，保持节奏舒缓，不要强求自己。注意呼吸的深度，使身体放松，并保持一种随意的态度，对脑海中涌现出的种种干扰不要理会。对上述过程反复进行，每次可持续10分钟，每天可做2～3次，直到不再紧张为止。

（二）倾诉宣泄

当遇到不愉快的事时，不要自己生闷气，把不良心境压抑在内心，而应当学会倾诉。每个人的周围总会有几个知心朋友，当产生不良情绪时，和朋友们聚一聚，喝一壶清茶或一杯咖啡，就事论事倾诉一番，把自己积郁的消极情绪倾诉出来，以得到别人的同情、开导和安慰。美国有关研究认为：一个人如果有朋友圈子，就能长寿20年。由此可见朋友对一个人生活的重要性。但是如果找不到合适的倾诉对象，则可以运用“空椅子技术”发泄心中的烦恼。具体方法是：在你的对面放一把椅子，你坐在另一把椅子上，想象对面椅子上坐着你的某个亲人或朋友，把你想说的话和情感对他（她）进行倾诉，从而使压抑在自己心中的情感得以释放，心情便会慢慢好转起来。还可以找心理咨询员进行心理咨询，让他们帮助你消解烦恼。

（三）自己哭一场

人如果身心长期处于压抑和紧张的状态，身体就会产生大量的儿茶酚胺，这种物质对身体有不良影响，而通过哭泣人体就可以把这种物质排泄出来，使身心感到放松，而这对于缓解紧张焦虑有很好的作用。人在哭的时候，会不断地吸气，这种动作有利于呼吸系统和血液循环，使心肺的运动变得有利于人的身体健康。哭能使眼睛湿润，泪水里面含有一种溶菌酶，这种物质可以预防眼部疾病，经常哭，还可以使眼角膜得到清洗，使眼睛保持滋润状态，感到舒服，尤其是眼干者，可以通过哭泣来保持眼睛的滋润和明亮。哭能使人长寿，因为伴随着哭泣，体内平时所积聚的一些毒素可以被排出体外，这能使身体变得健康，从而达到长寿的目的。

（四）做一些自己喜欢的事情

在感到烦闷的时候，可以抽空做做自己喜欢的事情，如玩游戏、打球、下棋、听音乐、看电影、读报纸等；还可以外出旅游，到风景优美的环境中玩一玩。这样可以使我们从消极情绪中解脱出来，从而激发积极、愉快的情绪反应。

心理学认为，当一个人从事自己所喜爱的职业时，他的心情是愉快的，态度是积极的，而且他也很有可能在所喜欢的领域里发挥出最大的才能，创造出最佳成绩。

（五）做一些剧烈的运动

烦恼时可以去做一些剧烈运动，如跑步、拳击等，通过剧烈运动我们可以发泄烦恼郁闷。

（六）不做完美主义者

完美主义者是很容易产生烦恼的，因为他们总是想把事情做得完美，但现实却又不允许，所以经常把自己弄得很纠结。

（七）高歌

音乐疗法主要是通过听不同的乐曲把人们从不同的病理情绪中解脱出来。殊不知，除了听歌以外，自己唱歌也能起到同样的作用。尤其高声歌唱，是排除紧张、激动情绪的有效手段。当不满情绪积压在心中时，不妨自己唱唱歌。歌的旋律、词的激励、唱歌时有节律的呼吸与运动都可以缓解紧张情绪。

家族观念对孩子的影响

一个三周不上学的初一女生小A，画了一幅有房、树、人的画。画中有两个人，一个是爸爸，一个是妈妈，爸爸妈妈下班正在回家。小A说，从她四五年级开始，爸爸妈妈就经常吵架。小A的妹妹四岁了，妹妹出生后，爸爸妈妈因为要上班，就把爷爷接到家里照看妹妹。爷爷来家里看妹妹后，妈妈不愿与爷爷说话，还挑爷爷的毛病。奶奶在小A很小的时候就不在了，后来爷爷找了一个后奶奶，妈妈和这个后奶奶的关系不好。孩子清楚地记得，有一次妈妈和后奶奶吵架吵得非常厉害，当时吓得她躲在墙角。妈妈经常跟她说后奶奶不好，说后奶奶是半路杀出来的狼。小A说到这里就伤心地大哭了起来，哭得很让人心疼。她说，她不理解妈妈为什么这样对待后奶奶，其实后奶奶人挺好。妈妈经常去姥姥家，一次都没去过后奶奶家，她现在虽然身在姥姥家，但是心里却非常想后奶奶。

这个孩子不但没有体会到家族的力量，而且生活在不和谐的家庭，这对孩子的心理有了不好的影响。其实，很多父母都忽视了家族对孩子成长的影响。

给大家讲个故事。一天，父亲对儿子说："你爷爷年老体弱，活在世上毫无用处，不如抛弃于深山算了。"半夜，父子俩用一箩筐抬着老人到了溪边，正准备往下抛时，儿子说："爸爸，我们只要把人掷掉就可以了，何必把这箩筐也丢了呢？"父亲生气地说："你这小子懂什么！连人都不要了，还要这破箩筐干什么？"儿子说："若把这箩筐也掷了，将来我和我的儿子用什么把你抬到这里来呢？"父亲闻之大为惊愕，犹如当头棒喝，大梦初醒！于是迅速和儿子把老人抬回家中，好好赡养，再也不敢有不孝之举了。

每个人生活于世上都担负着多重角色，一举一动都应当给后代做好榜样。小A的妈妈这样对待爷爷和后奶奶，她很伤心，不理解为什么，但她感觉愧对后奶奶。在这种不和谐的家庭中生活，她很纠结，很敏感，经常担心妈妈会怎样，爷爷会怎样，所以她在学校也很敏感，总是害怕老师会怎样，同学会怎样，这使她形成敏感的性格特点。试想长大后她组建了家庭，又会如何面对复杂的家庭关系？

我觉得自己非常幸福。生活在一个团结的大家族里面，从小到大，我都获得了家族力量的支持。我们家族在村里是个大家族，而且是出了名的团结的家族。我的爷爷和奶奶都活到96岁高龄，在我的记忆中，爷爷和奶奶都很和善，两人很少吵架。我妈妈和我奶奶关系特别融洽，从我记事起，妈妈和奶奶就没吵过架。村里的人都说，要到我们家去取经，看看妈妈和奶奶是怎么做到不吵架的。妈妈经常说奶奶脾气好，奶奶经常夸妈妈有容忍性，妈妈还经常给奶奶理发，陪奶奶聊天。每次吃饭的时候，爸爸和妈妈会把好吃的夹到爷爷和奶奶的碗里。每当回想起这些温馨的场景，我心里都是满满的感动。爸爸妈妈教育我们一定要孝敬老人，后来参加工作挣钱了，每次回家我都会给父母带上好吃的。每次一到家，爸爸妈妈就撵着我们拿着好吃的给爷爷奶奶送过去，这已经成了我们家的惯例。也许是受爷爷奶奶的影响，爸爸和妈妈也不吵架，相敬如宾。也许受家族的影响，结婚后，我也很孝敬我的婆婆，而且很少和老公吵架。我的一个很深的感受就是，我从家族中得到了很大的力量支持，所以，不管我走到哪里，干什么工作，我都是安全感十足，信心十足。家族就是我的根，根旺盛，我才会健康地成长。

所以，优良的家风、团结的家族对孩子的成长非常重要。《礼记·大学》中指出，要“修身齐家治国平天下”，意思是先修养品性，才能管理家庭，治理国家，才能使天下太平。修身，简单地说，就是完善自己，行为有规范。所谓家风，是指一个家庭或家族表现出来的道德品质或精神风貌，是家庭或全体家族成员认同并共同遵循的价值观念。自古以来，培养良好家风就是中华民族的优秀传统文化。北齐颜之推《颜氏家训》、宋代朱熹《朱子家训》、明代朱柏庐《治家格言》、晚清曾国藩《曾文正公家书》等，都是古人“齐家”思想的杰出之作。

没有好的家风以及好的家庭教育氛围，孩子就难以健康成长。家风在日常生活中潜移默化地影响着孩子的心灵，塑造着孩子的人格，它是一种无言的教育、无字的典籍以及无声的力量，是一种最基本、最直接和最经常的教育，对孩子的影响是全方位的，孩子的人生观、价值观、世界观、性格特征、为人处世的方式、生活习惯等都会打上家风的烙印。

家族观念，从某种意义上来讲，也是家族文化的传承，是一种来自祖辈的智慧和力量。它能让孩子在成长过程中感受到祖辈的优秀品质，感受到来自家族传承的力量，给孩子以根的滋养。父母要做好榜样，要以身作则，多给孩子传播一些优良思想。

相信相信的力量

1966年，美国心理学家罗森塔尔和雅各布森来到一所小学，进行了7项实验。他们从一至六年级各选了3个班，对这18个班的学生进行了“未来发展趋势测验”。之后，罗森塔尔以赞许的口吻将一份“最有发展前途者”的名单交给了校长和相关教师，并叮嘱他们务必保密，以免影响实验的正确性。其实，罗森塔尔名单上的学生是随机挑选出来的。8个月后，罗森塔尔和助手们对那18个班级的学生进行复试，结果让人感到意外，因为凡是上了名单的学生，成绩都有了较大的进步，而且性格活泼开朗，自信心强，求知欲旺盛，更乐于和别人打交道。

这种效应在其他方面同样是有效果的。比如，你本来穿了一件自认为很好看的鞋子去上班，结果好几个同事都说不好看。当第一个同事说的时候，你可能还觉得只是她个人的看法，但是说的人多了你就慢慢开始怀疑自己的判断力和审美眼光了。于是下班后，你回家做的第一件事情就是把鞋子换下来，并且决定再也不穿它去上班了。总而言之，这种效应其实是一种心理暗示。

罗森塔尔效应即人际期望效应，它给我们带来的启示是要给人以鼓励，如家长要给孩子以鼓励。

在亲子教育上，罗森塔尔效应提示我们，鼓励式教育远优于“棍棒教育”。你认为自己的孩子是聪明的、优秀的，他/她就会成为聪明、优秀的孩子。因为在这个过程中，你会关注自己的孩子，会给予孩子更多的情感和赞扬。同时心理学研究表明，成功来自信任、期待，来自赞扬，来自母爱和父爱。当然，这种信任和期待应当是积极、现实的，而不是盲目的。

除了亲子教育，在学校里，罗森塔尔效应同样有效。教师对学生抱有期望，而且有意无意地通过态度、表情、体谅表现出来，并给予更多提问、辅导、赞许，将隐含的期望传递给学生，学生则给教师以积极的反馈。这种反馈又激起教师更大的教育热情，维持其原有期望，并对学生给予更多关照。如此循环往复，以致学生的智力、学业成绩以及社会行为向着教师期望的方向发展，使期望成为现实。

请相信自己的孩子吧，你相信他行，他就行！

自信的女人最美丽

一天，我接到一个热线，这是一位两个孩子的妈妈，和丈夫结婚十年，发现了丈夫在微信上和一个女人的暧昧聊天，事情已经过去半年了。她曾和丈夫坦诚地聊过，丈夫说知道自己错了，以后不会再犯错误，会和妻子一起向前看，而且丈夫写了保证书，如果再犯，就净身出户。现在妻子一旦发现丈夫短信回得慢，就会怀疑他。

这位妈妈现在总感觉累，感觉烦，而且在家里比较强势。她觉得自己无法走出来，感觉这件事情对自己是当头一棒，是个心结。现在和丈夫之间但凡发生矛盾，她都会再提起那件事，她担心丈夫会再发生那样的事情。每当这样想的时候她就会心烦，从而有时候会把自己的情绪发泄到两个孩子身上。

我跟这位妈妈聊了很多，我问了她一个问题："你自信吗？"她思考了很久，说不太自信。我说你因为丈夫和别的女人有暧昧短信而影响了自己的生活和情绪，其实是对自己没有自信。她非常认可。我说，过去的就永远过去了，放下过去，放下那种没有根据的猜测，放过丈夫也就放过了自己。相信丈夫，相信自己，不要乱担心，担心的事情不一定会发生，反而让自己徒增烦恼。虽然是当头一棒，但也是一次反思的机会，反思一下自己是不是尽到了一个妻子的责任。女人是水，要温柔一些，包容一些，多和老公谈心交流，决不能把自己的情绪转移到孩子身上。

记得一部电视剧里的女主角，虽然是哑女，但是非常美丽，她曾坚定地用手语比画出这样一句话："建立在别人身上的幸福感不长久，只有把幸福建立在自己身上，才能长久。"女人要懂得适当打扮自己，让自己开心；

要多学习，适当给自己充电，接受新鲜事物，任何时候都不要停止学习，懂得越多，处理起事情来就越得心应手，多读书才能让自己自带香气，熠熠生辉；还要有自己的爱好，有个知心的朋友；要保持微笑，无惧时光，这样才能永葆青春。

努力做个自信的女人，自信的女人最美丽！

家长应具备逆向思维

逆向思维，就是让思维向对立面的方向发展，从问题的相反面深入地进行思考。既然常态化思维没有效果甚至是反效果，那么逆向思维则更容易产生效果，甚至会使正效果持续出现。

茱莉亚是一个具有犹太血统的老人，退休后，在学校附近买了一间简陋的房子。住下的前几个星期还很安静，不久，有三个年轻人开始在附近踢垃圾桶闹着玩。老人受不了这些噪声，出去跟年轻人谈判。

“你们玩得真开心。”她说，“我喜欢看你们玩得这样高兴。如果你们每天都来踢垃圾桶，我将每天给你们每人一块钱。”

三个年轻人很高兴，更加卖力地表演“足下功夫”。不料三天后，老人忧愁地说：“通货膨胀减少了我的收入，从明天起，只能给你们每人五毛钱了。”

年轻人显得不大开心，但还是接受了老人的条件。他们继续每天去踢垃圾桶。一周后，老人又对他们说：“最近没有收到养老金支票，对不起，每天只能给两毛了。”

“两毛钱？”一个年轻人脸色发青，“我们才不会为了区区两毛钱浪费宝贵的时间在这里表演呢，不干了！”

从此以后，老人又过上了安静的日子。

某时装店的经理不小心将一条高档呢裙烧了一个洞，其价格一落千丈。如果用织补法补救，也只是蒙混过关，欺骗顾客。这位经理突发奇想，干脆在小洞的周围又挖了许多小洞，并精于修饰，将其命名为“凤尾裙”。一下子，“凤尾裙”销路顿开，该时装商店也出了名。逆向思维带来了可观的经济效益。

无跟袜的诞生与“凤尾裙”有异曲同工之妙。因为袜跟容易破，一破就毁了一双袜子，商家运用逆向思维，试制成功无跟袜，创造了非常好的商机。

司马光砸缸的故事就是个典型的运用逆向思维的案例。有人落水，常规的思维模式是救人离水，而司马光面对紧急险情，运用了逆向思维，果断地用石头把缸砸破，让水离人，救了小伙伴的性命。

家庭教育中，家长的逆向思维非常重要，家长的教育方式决定着孩子的未来。试比较下面家长对待孩子学习的思维方式以及对待孩子学习问题的思维方式，希望对广大家长有所启发。

对待孩子学习的思维方式：

孩子成绩下降真糟糕VS我有了发现孩子问题的机会

孩子的问题是长久的VS孩子的问题是暂时的

孩子比别的孩子差得远VS孩子的发展空间很大

这孩子脑袋空空的VS一定要想办法帮助孩子填补头脑的空白

对待孩子学习问题的思维方式：

孩子现在已经不错了VS眼界决定未来世界，我不能让孩子做井底之蛙

我不能让孩子吃苦VS让孩子有苦的体验才能促进他的心灵成长

孩子不能吃亏VS让孩子知道小舍小得、大舍大得

孩子小不懂事VS抓住每一个机会让孩子懂得事理

孩子真让我担心VS我要多鼓励孩子，让他更有信心

第五章

培养孩子积极的心理品质

诚信是一种心理品质

一个孩子来做咨询，这个孩子说心里难受，因为爸爸答应他如果他期中考试能进年级前100名，五一期间就陪着他出去玩，结果爸爸加班，没去成。后来在小升初的时候，爸爸说如果他升入重点初中就给他买一双他向往已久的鞋，结果爸爸也没兑现，他感觉爸爸根本不爱他，根本不在乎他的感受。

这让我想到了一个故事。孔子有个学生叫曾子，有一次，曾子的妻子要上街，他的儿子哭闹着要跟着去，妻子就哄他说："你在家等我，回来给你杀猪炖肉吃。"妻子回来，见曾子正磨刀霍霍准备杀猪，赶忙阻拦说："你真的要杀猪给他吃？我原是哄他的。"曾子认真地说："我们的一言一行对孩子都有影响，我们说话不算数，孩子以后就不会听我们的话了。"他果真把猪杀了。

这个故事告诉我们要做诚实守信的父母。诚实是一种良好的心理品质，我们要培养孩子这种良好的品质，首先要从自己做起，在任何时候都不能欺骗孩子。因为父母是孩子最直接的榜样，父母的一言一行、一举一动，都会对孩子产生巨大的影响，孩子都会跟着学。所以父母在孩子面前的行为要特别慎重，不要随便给孩子承诺，一旦承诺了就应该做到，不然下次再说什么孩子就不会相信我们了。

莎士比亚说："你必须对你自己忠实，正像有了白昼才有黑夜一样，对自己忠实，才不会对别人欺诈。"培养诚信品格，是一笔最好的投资。具有诚信品质的人，注定是人生的赢家。每一个成人都应该记住，只有当你的行为高尚的时候，你所坚持的道德观念才能深入到孩子的心灵中去，并影响孩子的思想和感情。只有诚信做人，一个人才会表现出坦荡从容的气度。

伊索寓言中有则故事，有一个穷孩子在河边砍柴，不小心把斧子掉到河里，被河水冲走了。他坐在河岸上失声痛哭。河神知道了此事，很可怜他，走来问明原因后，便跳进河里，捞起一把金斧头来，问是不是他的，他说不是；接着河神又捞起一把银斧子来问是不是他掉下去的，他仍说不是；河神第三次下去，捞起孩子自己的斧头时，孩子说这才是自己失掉的那一把。河神很赞赏孩子为人诚实，便把金斧、银斧都作为礼物送给他。孩子带着三把斧头回到家里，把事情经过详细地告诉了朋友们。其中有一个十分眼红，决定也去碰碰运气。他跑到河边，故意把自己的斧子丢到急流中，然后坐在那儿痛哭起来。河神来到他的面前，问明了他痛哭的原因，便下河捞起一把金斧子来，问是不是他所丢失的。那人高兴地说："呀，正是！正是！"然而他那贪婪和不诚实的样子却遭到了河神的痛恨，河神不但没赏给他那把金斧子，就连他自己的那把斧子也没给他。

诚信既是一种品格，也是一种素质和能力，那么应如何培养孩子的诚信品质？父母要满足孩子一些合理的要求和愿望，如孩子需要的彩笔、图书、玩具，只要是合理的，又是家庭能承受的，就可以给孩子买，这样可以满足孩子的心理需求，让孩子感受到父母的爱和关注，同时孩子在学校也不会因得不到而去拿别的同学的东西；父母还要创造一种宽松、愉快、民主、和谐的家庭氛围，父母以身作则，家庭成员相互保持诚实真挚的态度，家长和孩子建立并保持真诚与互相信任的关系。家长对孩子必须言而有信，以诚相待，这样孩子才会信任家长，有什么事、有什么想法都愿意告诉家长，从而建立良好的亲子关系。

坚持，成就人生的力量

古希腊哲学家苏格拉底要求慕名前来的学生做一件最简单的事情：胳膊尽量往前甩，再向后甩，每天做三百下。第二天，苏格拉底问学生是否照做，所有的学生都举起手，一个不落；一周后问学生，有三分之二的学生举手；一个月后问学生，仅有三分之一的学生举手；一年后问学生，只有一个学生举手。这个学生就是柏拉图。他后来继承了苏格拉底的哲学思想，并在此基础上进行了创新发展，创建了自己的哲学体系并培养了大哲学家——亚里士多德。柏拉图之所以取得非凡的成就，在于他拥有非同一般的意志品质——持之以恒的精神。

坚即意志坚强，坚韧不拔；持即持久，有耐性。坚持的意思是不改变不动摇，始终如一。坚持是意志力的良好表现，也是有毅力的一种表现。坚持是一个人的优秀品质之一，它不是天生具有的，是需要一个人在成长过程中通过生活中的各种小事进行培养的，尤其对于成长中的中小学生来说，教师和家长用正确的方法引导、帮助孩子形成坚持的品格，对学生的成长至关重要。坚持品质的形成，有其心理依据，需要家长用科学、合理的方式方法帮助孩子在生活中一点点建立。

对两千多名中小学生做的问卷调查证实，目前学生的坚持品质培养状况不容乐观。大多数同学在生活中，尤其是在学习生活中，无法做到坚持不懈地去做一件事。这是让大多数家长非常头疼的问题，也是导致很多家庭矛盾的主要源头，家长们期待能找到合适的方法解决这个问题，培养孩子坚持的优秀品质。

心理品质学研究表明：一个人的成就大小与他精神世界的大小成正比。

人的精神世界是由理想、情感、意志和灵性四个相互依存、相互影响和相互作用的系统组成的。意志品质对人的成长极为重要，拥有良好的意志品质能让个人控制自己的情绪，约束自己的言行，克服困难挫折，矢志不渝、百折不挠地达到目标。

认知心理学中的“三圈理论”告诉我们，之所以人的本性不善于坚持，是因为坚持是需要练习才能获得的一种优秀品质。

“三圈理论”中的“三圈”包括“舒适区”“拉伸区”“困难区”三个部分。

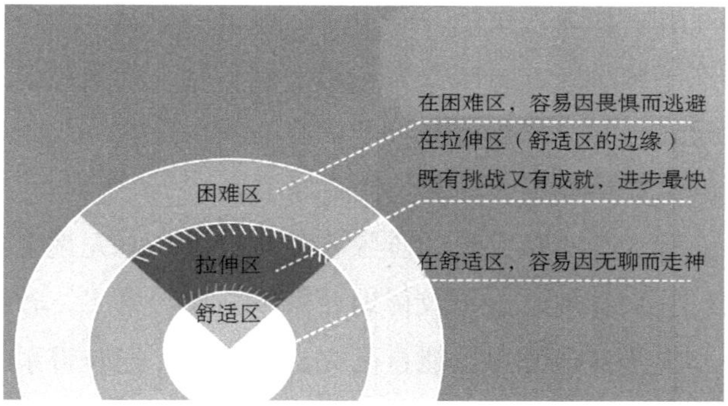

图5-1　认知心理学中的“三圈理论”

“舒适区”是指对于你来说没有学习难度的知识或者习以为常的事务，自己可以处于舒适心理状态应对它们。在舒适区我们得心应手，每天处于熟悉的环境中，做在行的事情，和熟悉的人交际，甚至你就是这个领域的专家，对这个区域中的人和事感觉很舒适。但是学到的东西很少，进步缓慢，而且一旦跳出这个领域，面对不熟悉的环境及变化，你可能会觉得有压力，无所适从。

“拉伸区”是指对于你来说有一定挑战性，因而感到不适，但是不至于太难受的知识或事务。“拉伸区”里面是我们很少接触甚至未曾涉足的领域，充满新颖的事物，在这里我们可以充分地锻炼自我，挑战自我。比如，生活中换一条上班的路线；学习中接触另一个专业的书籍；工作中切换到另外一个岗位。

“困难区”是指超出自己能力范围太多的事务或知识，心理感觉会严重不适，可能导致崩溃以致放弃学习。在这个区域中你会感到优虑、恐惧、不堪重负，如在公共场合演讲，或者从事一些危险的极限运动。实际工作生活中，舒适区、拉伸区和困难区往往交叉运行，没有严格的界限。

以教小孩穿鞋为例。

穿鞋操作包括解开鞋带、脚放进去、系上鞋带三步。但是这里有一个难点，就是小孩需要花很长时间才能分清楚左右脚。很多家长的选择是：先让孩子分清楚左右脚。可是这件事情太难了，孩子们经常出错，大人们会不厌其烦、一次又一次地告诉孩子怎么辨别鞋的左右。结果却是，孩子很长一段时间抗拒自己穿鞋，让大人帮忙穿。实际上对孩子来说，辨别左右脚这个学习任务直接落在了困难区，每次大人一句话说不对，就是对他们幼小心灵的一次打击，也是对孩子可以自己穿鞋的信心的一次摧残。久而久之，反正也分不清，孩子就干脆不穿了，让家长代劳好了。

实际上，正确地教小孩穿鞋的步骤应该是：第一，先教宝宝解开鞋带，小家伙学会后，欢天喜地，迫不及待地要做下一步。第二，教宝宝把小脚丫放进去，这一步宝宝经过练习也能自己完成。第三，把鞋带系上，这一步会让宝宝无比惊喜。第四，等宝宝对穿鞋非常熟练了，大人再告诉他鞋子是有左右分别的，然后让他看爸爸妈妈鞋子的左右脚，再看自己鞋子的左右脚，虽然这块儿很难，可是成人并没气馁，即使孩子还是经常弄错，可是孩子却乐此不疲地学习如何分辨左右脚，甚至遇到陌生人，还要分辨一下人家脚上的鞋子左右对不对。

家长如何培养一个意志坚定、做事能够持之以恒的孩子呢？教导孩子学习制定目标的方法，谨慎确定自己的目标；教育孩子从小事做起，把每件事情都做好；让孩子明白行胜于言，理想要靠实干才能实现；提高孩子的认知水平，让孩子坚信有爱心、有信仰能使自己更加坚强。

坚持是人的一种特别重要的优秀品质，这是很多人的成功秘诀之一。认识坚持精神的本质，明白孩子为什么不具备坚持精神，掌握培养孩子获得坚持精神的方法，用积极的心态开展实践就已经在坚持之路上迈出了实质性的一大步！

培养兴趣，树立正确的价值观

家长都希望自己家的孩子是个爱学习、主动学习的好宝宝，希望孩子就是那个人人羡慕的“别人家的孩子”。但理想很美好，现实很残酷。为人父母，我们都希望自己的孩子将来可以出人头地。而出人头地最好的方式，就是以优异的成绩考上一所理想的大学。那么，如何让孩子热爱学习、拥有优异的学习成绩呢？其实，孩子是否热爱学习和父母的教育方式有着很大的关系。要想让孩子好好学习，父母首先要培养孩子兴趣，引导孩子树立正确的价值观。

兴趣是人对客观事物的选择性态度，它表现为人力求认识和获得某种事物，并且力求参与相应的活动。兴趣通过情绪反应来影响一个人的行为积极性，即凡是从事自己感兴趣的学习和工作，人就会觉得心情舒畅和愉快，效率也较高。对于学生来说，他们的学习在很大程度上要受兴趣和情绪的左右，因此，培养学生对学习的兴趣（包括对学习内容本身的直接兴趣和对学习结果的间接兴趣）有助于提高学生学习的积极性，从而提高其学习的效率。自我的价值观念配合自己的能力与学业成绩，对于人格发展的影响尤为深刻。让孩子热爱学习，获取价值感可以从以下几个方面做起。

一、不将学习的责任转移

如果在孩子刚刚上学时，你就帮着孩子记作业、检查作业、收拾书包、整理物品……慢慢地，孩子就会认为学习不是自己的事情，妈妈也是有责任的。孩子会认为：我是为了妈妈学习，不是为了自己。孩子一旦有了这样的想法，他的学习就要么没有动力，要么就只有外在动力，如为了让妈妈开心、为了得到某些奖励、为了避免某些惩罚而去学习。当他有一天长大了，不在乎妈妈是否开心了，不想要你给的奖励了，也不害怕你给他的惩罚了，这些外在动力就都消失了，孩子厌学的时刻就到来了！

为什么那么多孩子到了初中就不去上学了，而家长却束手无策？因为家长之前都是用奖励和惩罚推着孩子走，孩子小，一推就能推得动。可是到了初中，孩子大了，推不动了，家长又没有培养孩子的内在动力，孩子弃学就不让人感到意外了。所以，在孩子一开始上学的时候，家长就要划分好界限，你的事就是你的事，我可以帮你，但不是每天都去代劳。帮忙与包办，是本质不同的两个概念。当孩子情绪低落或忙不过来的时候，我们伸出友爱之手去帮助孩子，那是因为“爱”；当孩子自己玩，不想做事情时，我们主动去包办代替孩子去做，这是“溺爱”。溺爱会折断孩子用力飞翔的翅膀！

二、及时肯定与鼓励，让孩子燃起自信

每个孩子的起步是不一样的，这个差距家长一定要接纳，别去攀比，别用“别人家的孩子”来打击自己家的孩子。“别人家的孩子”再好，你再羡慕，也成不了你的。所以，不如把心思收回来，好好观察自己的孩子，看一看自己的孩子哪里做得有进步，及时肯定、鼓励，让孩子越来越有自信。我们要看到孩子进步的节奏与程度，接纳并由衷地欣赏他。因为只有接纳了孩子，才能更好地帮助孩子提高与改善。

这样对比，才会让孩子看到自己的进步，从而看到自己的力量，并且燃起自己的信心。一个内心有力量、自信的孩子，是不用父母督促着去学习的。所以，不要专注在当下的某一次考试或者听写结果上。要看到过程，看到孩子努力的一点一滴，即使是一点点进步，我们也可以放大一些去肯定、去鼓励，这样孩子才会更加有力量，做得更好，如此才会进入一个良性循环。而不是批评指责，打击孩子自信，令孩子因为恐惧而学习，从而影响孩子的学习效率，导致成绩提不上来，再次被批评指责……这是我们大家都需要避免的恶性循环。

三、用实在、清晰、当下能获得的价值去激励孩子

很多父母喜欢给孩子灌输一些“心灵鸡汤”，常常告诫孩子要努力学习，成为像某某一样的人。这些鸡汤对孩子而言毫无意义，而那些老套的鼓励话语可能也毫无作用。未来太遥远，几十年后的功成名就也触不可及。作为父母，与其每天给孩子灌输一些在孩子看来如海市蜃楼般虚无缥缈的未来，不如拿实在、清晰、当下能获得的价值去激励他，自然而然地引导孩子对学习产生兴趣。比如，成绩优秀会得到同学的肯定、老师的表扬，有更多的机会参加有趣的活动；鼓励孩子把学习的知识应用在生活中。如此一来，既能让孩子体会到努力学习的乐趣，也能更好地激发孩子的学习热情和兴趣。

培养孩子的真诚

真诚是一种积极的心理品质。真诚的人总是信守诺言，不会为了摆脱麻烦而说谎；即使会惹上麻烦，也要说实话、实事求是；不会经常找借口；自己做错了事，就算再尴尬也会承认错误。所谓真诚，即真实诚恳，与虚假、虚伪相对。《积极心理学》一书中写道，“真挚（authenticity）面对他人和自我，诚实地表现自己”，“真挚，价值实践分类系统中的一个勇气维度。真挚包含向自己和他人承认和展现真实的自我、价值观、信念和行为”。这里的“真挚”可以理解为“真诚”。

很多家长与孩子之间存在着一些矛盾，其中主要的原因就是家长与孩子彼此关系的不真诚，导致家长与孩子互相不理解，父母与孩子之间没有形成“真诚而平等”的关系。当孩子遇到困难的时候，孩子们非常渴望得到父母的帮助，于是他们向父母真诚地表达自己的苦楚与困惑，然而真诚的他们却被“高高在上”的父母嘲笑与指责。当孩子一次次地承受父母的打击后，就会渐渐地隐藏自己内心的渴望，渐渐地远离家长。但其实孩子在内心深处渴望与父母真诚地交流，他们不希望父母“高高在上”，但父母却做不到。最终，父母被孩子从“紧急求助名单”中无情地删除了！

一、家长和孩子真诚沟通的策略

（一）真心实意，切忌“高高在上”

作为家长，我们要真诚地倾听、接纳孩子，还要学会谦虚和自控，做到温暖与坚定。如果孩子发脾气了，也不要着急，要找出孩子行为背后隐藏的原因，透过问题的现象去发现问题的本质，这样才能真正地帮助到孩子。

（二）敞开心扉，真情流露，不掩饰想法

真诚地与孩子共情。面对孩子，家长要有更多积极的情绪、情感，要肯定孩子的感受。家长要有共情的能力，可以陪着孩子适度地发泄情绪和控制情绪。比如，当孩子哭泣时，家长可以真诚地陪孩子默默流泪；当孩子开心地叫喊时，家长可以真诚地微微一笑，敞开心扉，真情流露。再如，在孩子临睡前给他一个吻，孩子遇到困难时轻拍他的肩头，孩子受了委屈时给他一个温暖的拥抱……朱永新老师说："生活毁灭人是无声无息的，有如滴水穿石；同样，生活成就人也是无声无息的。"真诚总藏在不经意间，行动总比语言来得更加深刻。

（三）真挚诚实，不说谎骗人

真诚地倾听，走近孩子，走进孩子心里。当孩子有困惑时，家长要引导孩子表达他的困惑。当孩子说话时，家长要认真倾听，神态专注，眼睛注视着孩子，身体前倾，给予孩子及时回应，如"嗯、啊、好"等。或许有些困惑我们无法立即解决，但只要认真倾听，当孩子说完了，他的困惑可能就减轻甚至没有了。

（四）诚恳正直，对自己的感觉和言行负责

华鲁士在其《家庭沟通》一书中说："人生最大的快乐、最深的满足、最强烈的进取心与内心最深处的宁静感，莫不来自充满爱的家庭。"好孩子来自正能量的家庭，家长要真诚地对待家和孩子，尊重孩子也是尊重自己。越是亲近，越要好好说话，父母的言语暴力包括对孩子的吼叫、斥责、诅咒、归咎、侮辱、威胁、贬低、取笑。长期的言语暴力会改变孩子的大脑，影响他们的智力发育。发脾气是教育的最大死敌，父母脾气越大，教育效果越差。俗话说"良言一句三冬暖，恶语伤人六月寒"，为人父母应该好好善待孩子，爱孩子。

（五）不要让真实的需要和情感被孩子误解

比如，家长劳累的时候，真实的需要是休息，便可以语气温和、真诚地跟孩子说出自己的需要。因为良好的亲子关系是彼此都可以表达真实的需要，也不会被误解为其他意思。

二、培养真诚的沟通方式的案例练习

（一）制作“优点小档案”

我们往往容易忽略孩子的优点，接下来就一起制作一个“优点小档案”来记录他/她的优点吧！并对其优点进行真诚的赞美！

表5-1　优点小档案

我的孩子	他/她的长处
小L	热情，笑起来特别可爱

我们不要吝啬对孩子的赞美，真诚的赞美会给孩子带去快乐，也会让亲子关系更加融洽。

（二）情景模拟

假如你每天晚上下班回家后都会陪孩子阅读或者运动，但有一天你比较劳累，需要休息，而孩子却跑过来想让你陪他阅读。

思考：这时候，你会怎么办呢？你会怎么跟孩子沟通？

三、作业

1. 真情流露：把想对孩子说的话录成小视频。
2. 亲子畅聊：与孩子一起讲讲彼此小时候印象最深刻的三件事。
3. 心得体会：写写感受与收获——如何跟孩子真诚沟通。

培养孩子的自信

自信是人成功的基石，是一个人重要的个性品质，是自主精神的重要内容。从小培养儿童的自信心已经引起全社会的高度重视。研究显示，孩子自信的力量很大一部分来自家庭，来自父母的教育方式，在充满赞美、鼓励的家庭环境中成长起来的孩子，在未来的社会发展中更加自信。

慧慧今年上六年级，晚上在家写作业时，妈妈走进房间想检查一下，没想到孩子紧紧捂住本子，就是不让看，嘴巴还小声嘀咕说："我的作业永远不如别人的好，看什么看。"原来，长期以来，妈妈总是在女儿面前夸奖班内其他同学的作业，总是批评慧慧做得不好，导致慧慧对自己的作业失去了信心。

一、孩子缺乏自信的原因

现实生活中，每个家长都期待自己的孩子可爱、大方，在众人面前大胆表现自己。但现实情况往往与我们的愿望大相径庭，有时家长用力越多，反作用力越大，孩子越自卑，与同学的关系越差，越不愿意表现自我，乃至缺乏相信自己有力量克服困难的勇气，过于依赖他人。是什么原因导致孩子缺乏自信呢?

（一）缺少正确的自我评价

有的孩子因为个子矮或者身体偏胖等原因，感觉自己处处低人一等，在同学面前抬不起头来；还有的孩子受家长只看重学业成绩的影响，将考试成绩看得过重，误以为自己学习差，做什么都不行，即使在艺术、体育方面有特长，也感觉自己低人一等，没什么可炫耀的。过重的心理负担与缺少正确的自我评价，让孩子在自信心缺失的泥潭中越陷越深，导致孩子在日常的生活和学习中缺少幸福感和快乐感。

（二）过分看重他人的评价

处于小学阶段的孩子自我意识比较薄弱，受意志、思维等发展的局限，主要从外界反馈中认识自我。6～12周岁的儿童有着强烈的向好思维，对家长、老师和同伴的评价十分在意。当别人给予好的评价时，他就会表现得非常开心；如果别人提出批评和建议，他就情绪低迷，否定自己。部分家长受传统家教思想“孩子不能夸，一夸就翘尾巴”的影响，经常否定孩子，导致孩子在集体活动和人际交往中不敢在别人面前展示自己的才能，在遇到问题时，常常会表现出害怕、退缩、放弃的态度，而不愿去努力地解决问题。

（三）家长的挑剔埋怨

孩子的自信大多来自家长，他们往往以父母对自己的评价作为评价自己的标准。在一个家庭中，父母是孩子最爱、最信任和最依赖的人，也是对孩子施加心理暗示的人。当孩子做错了或没有达到家长的要求时，很多家长急了就会说出“你怎么这么笨”“真没用”这类指责孩子的话。孩子看多了父母不耐烦的表情，听多了父母刻薄的语言，在这种长期的消极评价的影响下，孩子的情绪会受到严重的影响，会真的以为自己就像爸爸妈妈说的那样一无是处。在挑剔、埋怨环境中成长起来的儿童，其心理健康状态会受到严重的影响。

二、培养孩子自信的方法

家长应该明白，无论孩子将来从事什么职业，做多么伟大的事业，若想取得成功，自信都是一个非常重要的条件。在和孩子朝夕相处中，家长可以从“发现闪光点、多用肯定性语言、让孩子做力所能及的事、多参与活动”几个维度出发，搭建促进孩子自信成长的平台，让孩子体验成功与获得感。

（一）要善于发现孩子的闪光点，激励孩子树立自信

即便是最胆小怯懦的孩子，偶尔也会有大胆的举动，尝试通过自己的努力呈现自己的闪光点。做父母的必须努力捕捉稍纵即逝的闪光点，给予孩子必要的乃至夸张的表扬和鼓励。例如，设置晚餐交流时间，和孩子一起坐在餐桌旁，回忆孩子出生以来的点点滴滴，说出孩子身上所具备的体谅父母、节约粮食等优点，给予孩子正向的回馈；当孩子在学业上有所进步时，给予“孩子，你进步了，你真行”的表扬，并给予孩子真诚的拥抱，让孩子感受被信任、被鼓励的快乐；每隔一个月就在本子上至少写出孩子的三个优点，并及时说给孩子听，通过搭建“你能行”“你真棒”的语境动力，提升孩子战胜困难的勇气，激励孩子树立自信。

（二）用肯定性言语和鼓励性言语促进孩子树立自信

绿植实验告诉我们，长期被言语霸凌的植物，其叶子枯黄，形态萎靡；而饱受称赞的植物则生机勃勃、朝气十足。植物尚且如此，何况具有鲜活生命与思想的儿童？父母要善于表扬和鼓励儿童，多采用“你是最棒的”“你是最好的”“你就是天才”的语言，让孩子做起事来兴趣盎然，信心百倍，情不自禁地朝目标迈进；通过不断激发和满足其潜在的争强好胜的欲望，增强其自觉学习的主观能动性。此外，要对孩子在实践中所做的任何一点努力或克服的微小困难及时予以支持和适当帮助，并尽可能地让他们尝试成功，因为成功感是建立自信心的动力。在孩子碰到困难时，始终以信赖、欣赏的态度，以只说鼓励话，不说泄气话、挖苦话的做法，激发孩子的潜能。

（三）让孩子做力所能及的事，获得成功的体验

美国著名教育家杜威认为，教育中永远成功的方法就是给每个学生一些事情去做，不是给他们一些东西去学。在大人们看来比较平常的事在孩子的眼中都是天大的事。家长要积极为孩子创造条件，如开展“家庭劳动日”，每周利用半天时间全家总动员进行卫生清理，明确任务，各司其职，让孩子在细小的劳动中体验到自己的大能量，初尝成功的喜悦；举行一次“野外探险”，根据孩子的兴趣选择一处较为安全的室外场地组织野外探险，设置一些不同等级的挑战项目，简单的项目可以让孩子收获通关的喜悦，而稍有难度的项目又是孩子心理成长的“催化剂”。当孩子受到挫折时，家长要学会和孩子一起找寻失败的原因，并引导孩子从失败中找到解决问题的正确方法，避免孩子在同样的地方再次跌倒。让孩子学会独立面对和冷静处理问题，同样可以促进孩子自信心的增强，进而使孩子获得成功的体验。

（四）多鼓励孩子参与活动，使其在团队中获得情感支持

孩子的自信心是在实践中逐渐培养起来的。家长要积极创造条件鼓励孩子多参加群体活动，为孩子提供与同伴交往的时间与空间，让孩子感受到与同伴交往的快乐。除让孩子参加学校组织的活动外，家长还可以组织孩子参加“家庭日”活动，利用周末或者节假日的时间，主动邀请关系比较好的家庭一起带着孩子去游乐园、动物园等室外场所，孩子可以在家庭聚会中慢慢学会与人交往、待人接物等。我们还可以和孩子一起参加社会中的亲子游戏体验活动。面对陌生的群体，家长给孩子进行交往的示范，同时给予孩子安全感。当孩子能够在活动中与人交往时，及时地鼓励与肯定孩子会传递给孩子莫大的自信。

海伦·凯勒说“信心是命运的主宰”，她也用自己真实的人生将这句话完美地进行了诠释。在孩子的成长过程中，家长扮演着多种角色，但是请你一定牢牢记住，做孩子成长的陪伴者，陪伴孩子用科学的方式找到自信、建立自信，持之以恒地与孩子一起信心满满地走向欣欣向荣的人生。

培养孩子的开放性思维

你从图中看到的是什么？美少女还是老巫婆？为什么不同的人看到的会不一样？

图5-2 美少女还是老巫婆

从上述案例可以看出，我们可以多角度思考问题。在家庭教育中，很多家长会用自己已有的固定性思维教育孩子。例如，有一次带着孩子在游乐园玩，有个小朋友在自己玩积木，这时过来另一个小朋友，他俩为了一块积木动手抢起来，这时小朋友的奶奶过来对另一个小朋友说，你玩那边，我们玩这边，谁也不打扰谁。家长觉得小朋友自己玩要更放心，其实换一种思维方式思考，孩子们一起玩能够获得更多的快乐，而且会让孩子学会处理问题的能力，提高孩子的交往能力。培养孩子的开放性思维能够让他们接纳他人，并获得更多的快乐。

在工作中，有些人总是认为自己的经历或者做的事情是对的，觉得别人做得不如自己好，这时候要有开放性思维，要去学习他人的优点和做事方式。

一、培养儿童思维的必要性

研究表明，思维训练的最佳时期就是在儿童大脑迅速发育的时期（2～7岁）。思维训练能够影响孩子的智力发育，而思维能力直接关系到孩子的学习能力，也影响孩子在学校和工作中的表现。思维能力强的孩子学习都不会差，他们有主见、有观点、判断力强，不易被他人左右，在学校中更容易取得好成绩，能够更清晰、准确、有条理地表达自己，善于思考，处事灵活。

二、开放性思维的培养策略

（一）鼓励试错

如果发现孩子在日常生活中作出一些错误选择，或者认识不到位，家长不要怕孩子犯错，也不要急于去纠正孩子，应允许孩子去体验这种错误，从错误中吸取教训。勇于改正错误是一种非常宝贵的学习品质，而家长的容错态度也是培养孩子自信心的重要方面。家长应该充分给予孩子在学习和成长过程中犯错的自由和权利，给孩子创造自我探索的环境。

（二）征求孩子的意见

每个人一生都要面临大大小小的选择，做选择的过程也是一个主动思考的过程。如何做选择是需要从小培养和训练的。所以，家长应尽可能让孩子参与家庭具体事务的决策中，尤其在孩子个人的事情上要多征求孩子的意见。比如，孩子的房间墙壁刷什么颜色的漆，窗帘、灯具选什么款式；又如，孩子平时报的一些课外补习班的课程的选择、老师的选择，也可以征求孩子的意见，鼓励他们自己去思考和拿主意，然后也跟孩子说一说作为家长的看法和建议，一起商量着作出决定。

（三）多和孩子探讨开放性的问题

一种能力的培养往往需要一个长期的过程，独立思考能力更是如此。但在目前应试教育的大环境下，独立思考能力的培养在孩子日常的学校教育中非常稀缺，尤其是在低学龄阶段。这个短板就需要通过家庭教育来补齐。家长可以在家里开展讨论，讨论的话题可以是发生在身边的真实事件，也可以是社会热点问题。这些讨论往往没有标准答案，孩子可以畅所欲言，说出自己真实的想法。家长不必担心这些讨论很复杂、孩子太小不能懂，实际上他们是能够说出一些自己的看法的，尽管可能不太成熟，但也是孩子当下的独立思考。

（四）用成长性思维和孩子交流

当孩子取得不错的成绩时，家长要说："你为这次考试付出了很大的努力，你花了很多时间看书，并对重点内容进行反复阅读，做了很多测试，所以你最终取得了不错的成绩。恭喜你。"

当孩子需要安抚的时候，家长要说："我知道你现在感受很不好，你尽力了但是没能取得好成绩，原因是你并没有付出100%的努力。很多人花了比你更多的时间，比你更刻苦，如果你想要下次取得好成绩，那么就要全心全意地付出。"

培养孩子的创造力

法国心理学专家约翰·法伯曾经做过一个著名的“毛毛虫实验”：把许多毛毛虫放在一个花盆的边缘，使其首尾相连，围成一圈，并在花盆周围不远处撒了一些毛毛虫比较爱吃的食物。毛毛虫开始一个跟着一个，绕着花盆的边缘一圈一圈地走。一小时过去了，一天过去了，又一天过去了，这些毛毛虫还是夜以继日地绕着花盆的边缘在转圈，一连走了七天七夜，它们最终因为饥饿和精疲力竭而相继死去。

法伯在做这个实验前曾经设想：毛毛虫会很快厌倦这种毫无意义的绕圈而转向它们比较爱吃的食物。遗憾的是，毛毛虫并没有这样做。导致这种悲剧的原因就在于毛毛虫的盲从，在于毛毛虫总习惯于固守原有的本能、习惯、先例和经验。毛毛虫付出了生命，但没有任何成果。其实，如果毛毛虫能够破除尾随的习惯而转向去觅食，就完全可以避免悲剧的发生。家庭教育中也会这样，家长的思维决定孩子的思维，甚至影响孩子的一生。家长应该引导孩子学会创造性地解决生活中的问题。

一、家庭教育中错误的观念

（一）“好孩子”观念

在家庭教育中，很多家长试图培养“好孩子”。“好孩子”的特点是乖巧、懂事、听话。平时不爱提问、在各种活动中处于被动状态的孩子因为听话常常受到表扬，而那些积极创新的孩子因为“调皮捣蛋”时时遭到批评。这种奖罚标准无形中抹杀了孩子的创造天性。孩子为了得到表扬，处处按大人的要求做事，没有自己的思考，创造性也就无从谈起了。家长应结合孩子好问好动的特点，创造机会让孩子参加各种活动，对于孩子的某些破坏性行为不能一味地呵斥，而应在充分了解事实的基础上加以正确引导。

（二）过分呵护与武断专制的教育方式

在很多独生子女家庭中，孩子的事全由成人包办，孩子失去了动手实践的机会，养成了懒惰的习惯。孩子在大脑迅速发展的婴幼儿期，参加的活动越丰富，体验越多，越能开发大脑潜能。因此，家长应少一些包办，孩子自己能做的事情尽量让他们独自完成。同“溺爱式”教育方式相反的是武断专制。运用这种教育方式的家长对孩子严格得近乎苛刻，孩子只能按大人规划好的路线走，这既剥夺了孩子的独立自主性，又抑制了孩子的创造性。家长应采取民主、平等的教育方式，以讨论的形式，组织、参与、指导孩子的活动，让孩子自由想象，积极探索。

二、孩子创造力的发展特点

所谓创造力，就是指人们在创造性解决问题过程中表现出来的一种个性心理特征。它是根据一定的目的，运用一切已知信息，产生出某种新颖、独特、有社会或个人价值的产品的能力，其核心是创造性思维能力。儿童处于心智等各方面发展还不成熟的阶段，所以其创造力更容易得到发展和培养。

受小学阶段心理发展特点的影响，小学生创造力发展总体呈上升趋势，但在发展过程中有快有慢，总体上表现为一种波浪式的前进。小学三到五年级是孩子创造力发展的关键期。创造力发展具有依附性、差异性、不平衡性以及阶段性的特征。

家庭因素会影响孩子的创造力发展。家庭因素包括自主支持、心理控制、行为控制三个维度。心理学研究发现，孩子的创造力发展与家庭因素各维度间呈显著性相关关系。在家庭因素中，对孩子创造力起显著作用的是父母的自主支持。父母给予孩子的支持水平越高，孩子创造力发展的水平越高。自主支持能够给儿童提供安全的心理环境，进而提升其自信心及创造力。

研究还发现，有较高创造力的孩子的父母在孩子教育方面主要以鼓励为主，对孩子的选择进行正面回应。即使孩子考试成绩不理想或者做错了事，父母也不会指责，更多的是耐心地给予孩子指导和帮助，消除孩子的焦虑和不安。而如果父母在教育孩子时心理控制水平过高，不尊重孩子的想法，则会使孩子比较刻板，创造力水平低下。

根据阶段环境匹配理论，遵循儿童心理发展需要，适宜地为孩子创造力的发展创设良好的外部条件。父母较少地使用权威过度地干涉或过度地保护，对孩子进行更多的赏识与鼓励，才能更好地促进孩子创造力的发展。

三、培养孩子创造力的方法

1. 鼓励孩子用非传统的方式考虑问题和做事。

2. 赞赏孩子的机灵、灵敏、足智多谋，使其善于举一反三，触类旁通。

3. 鼓励孩子对事物有自己的独特见解，使其一旦有了目标，就能通过适当的行动来实现该目标。

4. 鼓励孩子做事不受陈规束缚，能灵活运用知识和经验，能够想出新思路、新方法。

5. 鼓励孩子从事发明、创造、创新活动。

四、培养创造力案例练习

案例一：你上了一天班，很累，晚上回家看到孩子在墙上乱涂乱画，画了许多不同颜色的太阳，有红太阳、绿太阳，还有黑太阳，问他为什么，孩子回答："冬天天气冷就有红太阳，夏天天气热，所以是绿太阳，晚上太阳看不见，所以是黑太阳。"

作为家长，你会怎么办?

【小贴士】这时，家长应表扬孩子："你想得真好！"还可以建议孩子画画下雨时的太阳、阴天时的太阳，让孩子的创造性得到充分发挥。相反，家长若看见这许多太阳就批评孩子，那么孩子的创造热情就会被打消，从此只画一种红太阳了，由此及彼，也会放弃别的创造。因此，家长面对孩子的创造行为应多表扬，多鼓励，不要胡乱批评指责。

案例二：小A很小的时候就特别喜欢虫子。爸爸是清华大学物理系的老师，儿子喜欢虫子在他眼里有点不可思议，因为家人没有研究自然科学的。

有一次一家人吃午饭的时候，看见墙壁上有两只苍蝇，爸爸顺手拿起苍蝇拍准备把苍蝇打掉。儿子赶忙劝阻爸爸："千万别打，它们俩在说话呢！左边是爸爸，右边是妈妈。"爸爸觉得好奇，问了一句："你怎么知道的？"他说："你看左边那个腿上有毛的是爸爸，右边腿上没有毛的是妈妈，右边的妈妈要生宝宝了，肚子很大，你先别打扰它俩。"孩子天真无邪的回答让爸爸十分吃惊。爸爸一方面为儿子在自然科学方面的天赋感到惊讶，一方面也开始苦恼，现在正是孩子小升初的关键阶段，别的孩子都在上各种课外补习班，要不要鼓励儿子发展自己的兴趣呢？

如果你是小A的家长，你会怎么做呢？

【小贴士】兴趣是孩子最好的老师，在孩子成长过程中，兴趣的重要作用不言而喻。孩子如果对某项活动产生了浓厚的兴趣，就会积极并且努力地参加这项活动，在活动中不断地开动脑筋，获得有关的知识技能，从而进一步改进活动的内容和方法。作为家长，在培养孩子的兴趣上，首先要依据孩子的特长和爱好，适时地激发孩子的兴趣；其次要逐步使孩子的兴趣得到稳定和发展；最后要对孩子的合理要求给予大力支持，让孩子更深刻地体验自身的兴趣和爱好，逐渐使孩子的个性得到有效发展。

想象能力和创造能力是推动人类不断进步的原动力，对于孩子而言，更重要的或许并不是学习成绩到底有多好，而是孩子拥有多大的创造能力，即孩子是否能够在旧的知识的基础上创造出更多新鲜的事物。著名儿童教育家陈鹤琴先生曾经说过："儿童本性中潜藏着强烈的创造欲望，只要我们在教育中注意诱导，并放手让儿童实践探索，就会培养出儿童的创造力，使儿童最终成为出类拔萃的、符合时代要求的人才。"

培养孩子的领导力

领导力不等同于职位，领导力也不是领导者一个人的事情；领导力并不是一种权力，而是一种关键性的能力。可以这么理解，当一个人无法独自完成一件事的时候，他把一群人组织在一起，让他们发挥各自的专长和能力，共同将这件事做成，那么，这个人就是一个具有领导力的人。一个具有领导力的人，不仅具有强大的人格魅力，能对身边的人产生正向的影响，而且在未来的事业中，更容易成功，更受人欢迎。其实，每个孩子都有成为领导者的潜质，就看父母怎么将孩子的这种潜质激发出来了。事实上，在我们每一个人的工作、生活、学习中都会用到领导力，如为家庭营造和睦氛围就需要展现领导力。领导力是一种综合能力。

调查表明，80%的学生家庭情感融洽，与家庭联系紧密。23.5%的学生认为其父母在家庭中尊重其个人意见，自己在家中有发言权。家庭关系和谐、与家人联系紧密的个体在融入集体、参与领导活动方面更为容易。这或许是由于家庭是个体最早获得社会经验的地方，早期家庭经验通过影响人际认知、自我意识，进而影响了个体的社交能力和成就动机。而生活中许多家长却忽视培养孩子的领导力，更希望孩子听话。

一、孩子领导力的发展特点

美国心理学家苏珊·墨菲和斯丹芬尼·约翰逊针对不同年龄段孩子领导力的培养进行了科学的阶段划分。

（一）学龄前（2~5岁）

早期情商开发的根源：让幼儿学习控制欲望，学会等待延迟满足。沟通技巧的开发：学习情感和非语言交流，如认知他人面部表情。社交技巧：使用话语影响别人，喜欢和别人的感情沟通。

（二）小学（6～11岁）

团队合作：协调、努力和与他人合作。演讲能力：能够把自己的思想清晰地传递给他人的能力（语言表达能力的培养，也就是最基本的社交技巧开发）。礼仪和社会道德准则：学习在合适的地方采取适当行动。正确的礼仪在儿童成长中能给儿童带来很大的帮助。早期领导力的培养：志愿为班级同学服务，或者做教师的帮手，是小组活动的领导者。

（三）中学——青春期早期（12～14岁）

自我管理技能：学习更好地了解自己，并审慎评估自己，设定明确目标。训练领导力任务：协调组织团队工作，以领导者的口吻公开演讲。

（四）高中——青春期晚期（15～19岁）

组织技能：协调和领导复杂项目。在课后和暑期做义工。激励能力：学习如何激励他人，把团队工作委派给同伴，监察团队中的其他成员。

家庭是影响个体心理发展的深层因素。家长的素质、家长与子女的关系，以及家庭成员之间的关系融洽程度与学生日常生活和个人能力培养密切相关。

二、培养孩子领导力的方法

（一）以身作则

孩子是父母亲的“录影机”，他们总是观察、倾听、模仿父母及兄姐的所言所行。因此，如果想要孩子展现出你所期待的性格、习惯，千万要记住以身作则，直接示范给孩子看。

（二）给予孩子相信自己的信念

父母应使孩子相信他们自己，每天告诉孩子他们可以成为什么样的人，让其自行勾勒出一个美好的未来画面。

（三）学习为他人服务

“仆人式领导”是一种无私的领导哲学，以服务他人为优先要务，并以能够满足他人的需要而自豪，而父母的工作是世上最无私的工作，父母正是教导孩子为他人服务的最佳人选。

（四）授予孩子权力

做父母最难的就是“放手”，有时是因为对孩子不信任，有时则是因为舍不得让孩子太早独立，但千万别忘记，父母最大的职责就是协助孩子学会生存及茁壮成长。

（五）留心所说的话

研究显示，听比看更能加深记忆力。因此，在日常生活中不时用言语鼓励孩子、肯定孩子是绝对有必要的。告诉孩子他们可以设置任何他们自己想要设的目标，并给予肯定。例如，当孩子说将来想成为天文学家时，我们要说“我相信你可以做到”，而不是说“要成为天文学家，数学必须很强”。

如何让孩子更勇敢

一、故事浅析

猎人家养了许多小绵羊，白天猎人带着小绵羊们去山坡上吃草，晚上就把它们赶回羊圈。一天，猎人去镇上赶集，给每只小绵羊买回来一个铃铛，挂在它们脖子上。小绵羊们非常开心，经常在山坡上伴着铃铛声欢快地跳舞。一天，羊群像往常一样在山坡上悠闲地吃着鲜草。其中有一只调皮的小绵羊趁大伙儿不注意，悄悄地离开了羊群，想跑到山的另一边玩耍。小绵羊一口气跑到小河边，河水真清澈啊，它忍不住想喝点儿了。当它弯下身子喝水的时候，发现了大灰狼的倒影，吓得拔腿就跑。可是大灰狼一把抓住它，笑着说："嘿嘿，你逃不掉了，乖乖当我的午餐吧！"小绵羊懊悔不已，但为时已晚，只能赶紧想个脱身的好办法。小绵羊镇定下来，对大灰狼说："狼先生，我现在的肉又苦又酸，您吃了肯定会倒胃口！"大灰狼十分不解，就问小绵羊："为什么你的肉又酸又苦？老实交代，别和我耍花样！"小绵羊见大灰狼中计了，就接着往下说："因为我刚刚吃了鲜草，还没有消化，肉肯定不好吃。这样吧，我为您献一支舞，跳完舞我的肉会变得非常鲜美！"大灰狼听了很开心，催促小绵羊跳起舞来。这时，猎人正在清点羊群，听见远处传来熟悉的铃铛声，就立马带着牧羊犬赶到河边，用猎枪击毙了大灰狼。最终，小绵羊凭借机智和勇敢救了自己。

如果我们的孩子遇到了困境，会不会像小绵羊一样机智勇敢呢？很多家长问：我家孩子为何胆小敏感，遇到事情就退缩，遇到困难就放弃，不会想办法解决？为何我家孩子不敢在课堂上回答问题？为何我家孩子这么在意别人的评价，别人的一个眼神就让他惴惴不安？我想孩子们的这些表现都是由于缺乏勇气造成的。家长们都希望自己的孩子能够成长为一个勇敢的孩子，但是，什么样的家庭氛围才能培养出真正勇敢的孩子呢？

勇敢是什么？勇敢是，当看到有人受到不公平对待的时候，会维护弱者的利益；只要是正确的事，即使不受欢迎也有勇气去做；当看到有人被欺负时，会伸出援手，即使感到害怕也会维护正确的事；只要做的事正确，就算有人取笑仍会继续做；等等。

二、培养孩子勇敢品质的策略

（一）不给孩子贴标签

哪怕孩子真的是很胆小，家长也不能直接批评孩子是一个“胆小鬼”，更不能当着孩子的朋友、同学的面指责孩子胆小。家长要明白，孩子的胆小不是一辈子的，胆量会随着年龄的增长、阅历的增加而慢慢变大。但如果家长一直说孩子胆小，孩子就会误以为自己真的是一个胆小的人，因为孩子都是通过他人的评价来认识、了解自己的，如果被贴上“胆小鬼”的标签，以后遇到事情就会下意识地退缩。

（二）给予孩子足够的安全感

父母要善于表达自己对孩子的爱，在节日里给孩子准备小礼物，让孩子感受节日的仪式感，感受到家的温馨和来自父母的爱。当孩子犯错时，父母要正面引导和帮助孩子，给孩子足够的信任，和孩子一起面对困难，一起解决问题，从而让孩子对自己充满信心。

（三）给孩子发挥的空间

孩子在成长的过程中会经历失败，需要父母给予他不断尝试的机会。因此，家长要尽可能地让孩子独立活动。在活动中，孩子会遇到障碍，家长要让他自己去解决。当孩子最终实现目标时，会认为来之不易，从而获得与众不同的满足感，并增强克服困难的勇气和不达目的不罢休的决心。

（四）增加户外活动

家长平时不要老是宅在家里，应多带孩子到室外走一走，让孩子多接触一些同龄人。如果在这些同龄人中，有一个孩子是很勇敢的，那么胆小的孩子也会受到他的影响，变得勇敢、大胆。

注重孩子的品德养成

有一次坐车，司机知道我是个教师后，就开始跟我聊天，他讲了一个故事。有一次，他碰见他们村里的三个初中女生，染着五颜六色的头发，穿着裸露的衣服，上学期间不去上学。他问这三个女生："你们不去上学，就不怕你父母知道了后骂你们吗？"其中一个女生说："她敢，她要敢骂我，我就把她拍死到床上。"女生的回答真的让他大吃一惊，他不知道现在的孩子怎么了。

我想哪个父母听到孩子这样说心里都会很难受。其实每个父母都希望自己的孩子好，为了孩子哪怕自己再苦再累都值得，但是很多父母只关心孩子的成绩，只要孩子学习好，什么都行。许多孩子一出生，就成了家里的小皇帝、小公主，家长很少关心孩子的品德养成，很少关心孩子的心理是否健康。

2022年1月1日，随着《家庭教育促进法》的正式实施，家庭教育由"家事"上升为"国事"，父母也由此进入了"依法带娃"的新时代。《家庭教育促进法》最为重要的原则就是明确了家庭责任，即父母或其他监护人是家庭教育的主体责任者。该法所称的家庭教育，是指父母或者其他监护人为促进未成年人全面健康成长，对其实施的道德品质、身体素质、生活技能、文化修养、行为习惯等方面的培育、引导和影响。

家庭教育的主要任务是立德树人，但是现在一些家庭的教育却恰恰缺少立德。《家庭教育促进法》第十四条规定：父母或者其他监护人应当树立家庭是第一个课堂、家长是第一任老师的责任意识，承担对未成年人实施家庭教育的主体责任，用正确思想、方法和行为教育未成年人养成良好思想、品行和习惯。而在一些家庭的教育中，恰恰缺少对孩子思想、品行和习惯的培养。

要想完成家庭教育的任务，父母可以合理运用以下方式方法：

1. 亲自养育，加强亲子陪伴。

2. 共同参与，发挥父母双方的作用。

3. 相机而教，寓教于日常生活之中。

4. 潜移默化，言传与身教相结合。

5. 严慈相济，关心爱护与严格要求并重。

6. 尊重差异，根据年龄和个性特点进行科学引导。

7. 平等交流，予以尊重、理解和鼓励。

8. 相互促进，父母与子女共同成长。

9. 其他有益于未成年人全面发展、健康成长的方式方法。

父母利用以上方法进行家庭教育，注重孩子品德的教育，可以让孩子全面发展，让孩子有感恩之心，培养出身心健康的孩子。父母应让孩子了解自己家庭的实际情况，了解父母的艰辛，了解自己应该为这个家付出点什么，不要让孩子盲目攀比。现在有的父母也很“卷”，为了让孩子上个好学校，不舍得吃不舍得穿，不惜花重金找关系让孩子进入好学校。而很多孩子到了学校也是互相攀比，攀比着买衣服，攀比着买电子设备等，花着父母的钱觉得理所当然，心安理得，不疼父母的付出，觉得父母付出是应该的，没有感恩之心，甚至觉得自己父母不如别人家的父母好。如果父母不重视孩子的品德养成，就会把孩子养成一个白眼狼，不孝敬父母，甚至会危害社会。

有这样一句话与大家分享：“家庭最高级的炫富，不是房子，也不是车子，而是养出一个懂得感恩的孩子。”

第六章

优秀孩子培养法

凡事往好处想

一天，一个好久未见的老同学给我打电话，约我出去聊聊。一见面老同学就跟我诉苦，他说他把所有的精力都放在儿子身上，给他报辅导班，陪孩子写作业，周末都不敢出去玩，在家陪孩子。可是孩子高考还是没考好，他说孩子没考上好大学，以后怎么找工作，生活怎么能幸福呢！他不敢埋怨孩子，但心里憋屈。我非常理解他的感受，先安慰了他，肯定了他对孩子的付出，接着我说："有些人考上了重点大学，也不一定找到好工作，有些人没考上重点大学，也不一定找不到好工作。有对夫妻培养出了非常优秀的孩子，孩子出国了，读博了，可是已经六年没回家看一眼父母了……如果是你的话，你会是什么感受呢？"老同学若有所思地点点头，紧皱的眉头舒展开来。

我被派驻留观点期间，有个隔离人员在留观点被隔离的14天里非常安静，过得非常好，没有大多数被隔离人员那种焦虑紧张的情绪。在跟他聊天时，他说既然来了，就好好配合，也让自己好好休息，刚开始他回国是因为有业务需要处理，本来想回国处理好业务后再去国外，但没想到国外疫情严重了，他国外的朋友现在都回不来，在这里隔离也因此变成了好事。

是的，很多时候很多事情并不是我们可以预测的，未来也不是凭我们的意志就可以改变的。世界上没有绝对的事情，任何事情都有两面性，塞翁失马，焉知非福。任何事情都是变化无常的，有的时候好的事情会变坏，有的时候坏的事情也会出现好的转机。所以说，我们应该抱有乐观的态度，凡事都应该往好处想一想。

我不禁想到了一个故事：古时候有一个国家，它的宰相总是觉得“一切都是最好的安排”，这让国王觉得又可笑又有些讨厌。有一天，国王准备外出，突然下起了大雨，这让国王非常扫兴。但是宰相说：“这是一件好事情，大雨过后的街道一定会被冲刷得很干净，国王您就可以享受清新的空气了。”国王没有说什么。

另一天，国王准备外出巡视时，却遇到了酷热的天气，十分郁闷。这时宰相又对国王说：“这是一件好事情，在这么炎热的天气下出巡才能了解百姓的疾苦。”国王忍着心中的怒火没有发作。

后来，国王在检查捕兽夹时，不小心被捕兽夹斩断了一根手指。宰相居然也认为这是上天最好的安排，是一件好事情。国王听后终于忍无可忍，立即把他打入大牢，并以一种嘲讽的口吻问宰相：“你认为这是一件好事情吗？你认为这也是最好的安排吗？”没想到宰相居然说是。国王更加生气地告诉他：“好，既然你认为好，那你就继续在这里待着吧！”

过了两天，国王去打猎，不小心误入森林深处，被食人族捉住了。当晚，食人族准备了柴火，支起了大锅，准备烹煮国王。但是，当食人族清洗国王身体的时候却发现国王少了根手指头，这在食人族内是大忌，因为他们认为不完整的动物是不祥之物。于是他们用特有的仪式，把国王送出离他们很远的森林之外。

劫后余生的国王回国后做的第一件事情就是去牢里拜见宰相。他激动地说：“断了指头果真是一件好事情。”过了一会儿他突然想起了什么，他问宰相：“难道我把你关在牢里这么多天也是好事情吗？”宰相说：“当然是好事情了。陛下您想，如果我不在牢里，而是像以往那样陪同您去打猎的话，我们都会被食人族捉住。您会因为那个断指而保全性命，但我必死无疑，因为我很完整啊！”国王终于开悟，任何事情都有两面性，我们所接受的都是最好的安排。

这位宰相不愧是一个智者，他非常清楚地明白了一个道理：坏事有可能引出一个好的结果，好事也有可能引出一个坏的结果。我们没有必要太在意生活中的失意，有时候我们应该多往好处想一想，也许原来愁苦的心就会变得开朗起来。

生活中很多情况就是如此。面对孩子的一些问题的时候，我们只要转变一下思考方式，改变看问题的心态，结果就可能会大不相同。把事情往好处想，这是过得开心的一个秘诀。

放下手机，陪陪孩子

当今时代，几乎每个人都离不开手机了。智能手机携带方带，功能多样，给我们生活带来了极大的便利，成为我们与世界交流的重要工具。这使得我们已经对手机形成了依赖。不过我个人还是建议，手机虽好，但要注意使用有度，尤其是作为父母，更不能手不离手机。有的家长在家里躺在沙发上刷视频，一刷就是一两个小时，孩子也会跟家长学着刷手机，而孩子一旦手机成瘾，就很难改了。

记得有一天我和小儿子在看电视，大儿子和老公不知道什么原因起了冲突，只听见“啪”的一声，电视遥控器被摔在地上摔成了三瓣。我一看，原来是坐在沙发上的大儿子摔的，他很生气。这时坐在我身边的小儿子吓得哭了起来，我赶紧抱着他，安慰他。我和小儿子到了小卧室，我说：“宝贝，没事的，妈妈会保护你的。”安慰了一会儿，小儿子好了。晚上睡觉的时候，小儿子说：“妈妈，我想换个爸爸，换个不看手机的爸爸，换个不懒的爸爸。”后来我跟大儿子聊了聊，原来是他有事叫爸爸，而爸爸一直躺着看手机不理他，他觉得爸爸不可理喻，因此着急了。这件事情让我也陷入了沉思，我敏锐地觉察到这件事情的起因及对家庭的影响。我做了比较深入的分析，老公比较固执，公公婆婆经常吵架，他在那样的家庭环境中长大，也受了一定的影响，所以他在处理孩子事情的方式上就比较生硬，但这种方式已经激起了儿子的不满。毕竟儿子已经是大学生了，有自己的思想。我跟老公交流了很多，以后不要光看手机，可以跟孩子玩玩，或者看看书什么的，要改变和孩子相处的方式。我也跟儿子交流了很多，儿子也知道爸爸受家庭环境的影响，也知道是自己太冲动。后来我们都坐下来进行了交流，从这件事中进行了反思，儿子说以后不会再乱发脾气，保证这样的事情不会再发生。

孔子有言：“其身正，不令而行；其身不正，虽令不从。”家长应该给孩子作出表率，至少在孩子面前不要被手机控制喜怒哀乐。

给孩子的最好礼物

最近读了《成长型思维训练》一书，感受很深，跟各位家长交流一下。首先想问大家一个问题：如果你能给孩子的未来送一件礼物，你会送什么？想必大家的回答不外乎健康、幸福和成功这几个方面。如果是我，我会选择送孩子成长型思维模式。

《成长型思维训练》前言里面有一段送给孩子们的话："愿你们面对挑战时，能够满怀力量与决心，能够从失败中站起来，比从前更加坚强、更加睿智；愿你们对自己的能力持有深刻而坚定的信念，相信自己能够把狂野的梦想变成伟大的成就。"这段话说出了无数家长的心声，每位家长都希望自己的孩子能这样优秀。

什么是成长型思维？成长型思维又名成长心态、成长型心理定向，是"性格品质力"中最重要的一员。性格品质力是对人生成就和幸福起决定性作用的非知识性的、非智力的因素的总称。学术上，它们被教育经济学家称为非认知能力，而被心理学家叫作非智力因素。它是一种以智力可塑为核心信念的系统的思维模式。而成长型思维就是相信通过练习、坚持和努力，人类具有学习与成长的无限潜力。采取成长型思维的人能够沉着应对挑战，他们不怕犯错或难堪，而是专注于成长的过程。

首先来看一则真实案例。晓晨是名来自北京中关村某小学的三年级小学生，她曾参加科研团队在中国科学院心理所的成长型思维教育实验。接受培训前，每遇到不会做的题目，晓晨都会非常焦虑，然后生气，最后总要大哭一场，一闹就是一个小时，全家都被她这负面情绪交响曲吓出了"数学恐惧症"。在接受培训之后，她开始重新看待自己，不再被困难吓倒，而是主动应用有关技能，让自己的学习过程焕然一新。晓晨告诉妈妈："每个人都能变得更聪明，而思考难题正是把自己变强的机会。""只要努力，每个人都能学会。"结果，不仅她的思维和学习状态发生了转变，更让她自己惊喜的是，她的数学成绩从全班倒数第四，在一个学期之内跃升到班级前五名。成长型思维对人生的影响远不止于有助于提高学习成绩。事实上，它在情绪、态度、人际关系乃至健康方面，都有着极强的影响力。俗话说"打蛇打七寸"，意思是说做事要抓住关键环节。而养成成长型思维正是人快速成长的七寸。

成长型思维可以培养吗？不仅可以培养，而且不难培养。《成长型思维训练》的作者、两名美国教师——布洛克和亨得利践行多年，引导一批又一批学生摒弃了固定型思维模式（智力天生固定，难以通过努力得到提升），成为积极、上进、自信、努力的自主学习者。该书不仅是成长型思维的操作指导书，更是整个非认知能力领域精华内容的教育践行地图。

投身成长型思维的教育会是一种怎样的体验呢？作者结合自己的经历发现，生活中拥有了成长型思维，还真没有过不去的坎儿。不仅成功，连幸福其实都取决于人们自己的选择。因为决定我们快乐与否的，不是外在的事情本身，而是我们对事情的看法。而决定我们有怎样"看法"的，正是我们的思维模式。在成长型思维模式下，任何际遇，不管是被褒扬还是被责骂，不管是成功还是失败，不管是轻松还是艰苦，不管是有趣还是无聊，都会被我们看作进步的机会。于是，成长就会真的发生。

德韦克指出：所有人在生命之初都有着成长型思维。事实上，婴儿是成长型思维的典范。他们不在乎自己说的话是否有意义，因为他们正在学习说话。如果他们走了几步之后摔倒了，他们会立刻站起来，因为他们正在学习走路。"是什么终结了这种生机勃发的学习状态？"德韦克认为，"是固定型思维模式。孩子们一旦能够评价自我，就会变得惧怕挑战。他们会害怕自己不够聪明。"

如何培养孩子的成长型思维？首先家长要有成长型思维。按照是否是成长型思维，研究者将南美国家智利所有公立学校的十年级学生（约16万人）分成了两类，一类倾向于成长型思维，另一类倾向于与之相反的思维模式，即固定型思维。结果发现，成绩与家庭收入相关——越富人家的孩子，成绩越好。然而，无论是贫穷还是富裕，在任何一种社会经济地位的家庭中，成长型思维的学生的学业成绩都远优于固定型思维的学生。优秀多少呢？哪怕是来自最穷家庭的孩子，当他们是成长型思维时，语文成绩竟然和最富但是持有固定型思维的孩子相差无几。科研大数据告诉我们：如果孩子有了成长型思维，这一项优势就可能消弭最富家庭与最穷家庭的家庭背景差距。而且更多的研究表明，拥有成长型思维的学生会越来越优秀，他们与持固定型思维的孩子之间的差距会越来越大。研究也表明，拥有成长型思维的家长，培养出来的孩子也会有成长型思维，也会更优秀。

为了培养孩子的成长型思维，家长可以做以下事情：鼓励孩子在学校勇于冒险并尝试新的挑战；不要表扬孩子轻而易举就学会了某种概念，而要表扬孩子为此所付出的努力；在课外活动中，强调坚持与努力，如可以用“我为你在那场篮球比赛中付出了那么多努力而感到骄傲”替代“我为你在那场篮球比赛中拿到了那么多分而感到骄傲”。

成长型思维让我们更加明白，无论起点如何，天赋可以通过经验与努力得到强化。心理学家认为，人类95%的意识都是潜意识。大脑的潜意识很有趣，它不去分辨事情的真假，所以只要我们持续去想象去相信，我们的潜意识就会帮助我们靠近心所向往的地方。

一位幼儿园教师的做法很棒，值得家长们借鉴。在阿希莉进入幼儿园时，她的老师立刻知道自己要面对一个持固定型思维的孩子。每当阿希莉遇到一点让她略感困难的挑战时，她都会交叉双臂，连哭带闹跺着脚走开。“我再也不来学校了！”在完成任务的过程中，只要遇到一丁点困难，她就会宣布：“我做不到。这太难了。”为此，阿希莉的老师对她进行了严格的成长型思维训练，希望能带来改观。每当阿希莉仅付出少许努力就要放弃时，她的老师都会鼓励她再试一次。在阿希莉试过之后，老师会表扬她所付出的努力。一天，阿希莉的老师给她讲了有关固定型思维与成长型思维的内容。她告诉阿希莉，对学习要抱有积极的态度包括接受挑战和从错误中学习，永远不要因为犯错而难过，因为犯错是大脑学习与成长的方式。每次阿希莉犯错或感到挫败时，她的老师都会说：“哦，看啊！你的大脑正在成长！”慢慢地，阿希莉在学习中变得更加自信。她会去尝试新东西，试着结交新朋友，用她以前不愿用的方式去解决学习和社交方面的挑战。阿希莉的老师向她展示了成长型思维的力量。一年后，这个曾经对什么都不感兴趣的防御型女孩，变成了充满好奇的参与型学习者，她相信自己有能力完成艰巨的任务。

所以，如果我们送给孩子这个最棒的礼物——成长型思维模式，孩子的人生就能更加蓬勃丰盈！

跟孩子好好说话

一天儿子放学后玩手机，我们约定的是每次只能玩十分钟，十分钟后我提醒他时间到了，他说快了，可又过了两分钟他还在玩，我说："时间到了，赶紧写作业。"这时我的语气有点生硬，他转过头跟我说："妈妈，你别生气地说'快去写作业'，你这样温柔地说'宝贝，时间到了，去写作业行吗？'。"我立马意识到我刚才的语气有点重，我按照孩子说的用温柔的语气重新说了一遍："宝贝，时间到了，去写作业行吗？"他很开心地说："好的，妈妈，我这就去写。"

有的时候，我们真的会从孩子那里学到很多东西。我们和孩子说话的语气会影响孩子的情绪，影响孩子的自尊，也会塑造孩子的性格。当我们用温柔、温暖、鼓励和支持的语气与孩子交流时，孩子就能感受到被父母接纳，感觉到被爱，感受到被认同；我们用消极批评的语气跟孩子说话交流时，孩子就会感觉到没有被父母爱，感觉到自己不优秀，得不到父母的认同，甚至会觉得父母根本不爱自己，从而产生消极的情绪，甚至自卑，从而对自己没有自信。

一天，有个一年级的妈妈带着孩子来找我咨询。妈妈说孩子写作业特别慢，明明半个小时能做完的作业，她非得写一个多小时，写几个字就玩一会儿，妈妈很生气，每次都会催着孩子写作业。有的时候，妈妈很着急，也会打孩子，可一旦打孩子，孩子就感到很委屈，很难过，就更不愿意写作业。孩子不写作业，妈妈就更生气，就这样形成了一个恶性循环。妈妈说，有一次她实在生气极了，就把孩子赶到屋外，关上大门，不让孩子进来，不管孩子怎么哭就是不开门。妈妈说的时候很是无奈，说话间经常叹气。妈妈说为了孩子把工作都辞了，把所有的精力都放在孩子身上，现在感到很无奈。有一次孩子班里开家长会，有个同学的妈妈用手抚摸了一下孩子的头，然后说："孩子，你的头发很好。"孩子当时太高兴了，回家就跟妈妈说这件事情："妈妈，今天有位阿姨夸我头发好，我可喜欢那个阿姨了，妈妈你可以和那个阿姨一样夸夸我吗？"这位妈妈说，孩子同学的妈妈夸了那一次，孩子算是忘不了了。我问孩子妈妈："你平时是怎么和孩子说话的呢？"妈妈想了想说："我平时很少表扬她，一般会批评她。"妈妈接着若有所思地说："噢，她之所以记得同学妈妈夸她，是不是我平时夸她太少啊。"这位妈妈的悟性很高。我又跟孩子聊了聊，我问孩子："如果用一个动物来比喻你的妈妈，你觉得妈妈是什么动物呢？"孩子说："是一只大鲨鱼，因为妈妈总是批评我写作业慢，妈妈越批评我，我就越不愿意写。""妈妈还骂我笨，猪脑子。""你为什么喜欢××同学的妈妈呀？"她说："我那个同学的妈妈夸我的头发好，我可喜欢她了，我想让她当我的妈妈。"

"你真没出息，别人家的孩子咋都比你考得好呢。""跟你说了多少次要带笔记本，你从来就记不住。""你怎么又把鞋踢得东一只西一只的？""这个题不是强调了很多遍了吗？长没长记性，咋还错呢？""你在干什么？谁让你在桌子上乱涂乱画的！"很多家长不经意地就会说出这样的话，其实这是语言暴力，它像是一把消音枪，抹杀了孩子的尊严和人生，虽然我们听不到枪响，但刻骨的疼痛却会伴随孩子一生。

动物园来了新成员——一头棕熊。为了表示友好，狮子代表动物们去拜访它。可棕熊看到狮子后却开始大吼。狮子不甘落后，用更大的声音吼起来，之后的每次见面都是如此。管理员劝说，不小心摔倒了，狮子和棕熊一起扶起它，轻声细语的说话让两只动物发现对方其实和自己一样友好善良，也明白了吼叫并不能解决问题。

就像父母和孩子，你对孩子吼叫，只能起到相反的效果，你如果和孩子好好说话，孩子就觉得你是爱他的，他就会很开心。所以，我们作为家长要意识到和孩子好好说话真的很重要。好好说话，给孩子留一份尊重。"教育的前提是关系，关系的基础是沟通，沟通的原则是接纳，接纳的结果是尊重。"父母应该怎么和孩子好好说呢？首先要把孩子当作"平等的人"来看待，自己说话的时候，也给孩子说话的机会。父母开口说话的时候，先站在孩子的角度想一想孩子愿意听到什么样的话。其次，父母说的话要积极正面，很多父母明明很爱孩子，却不能好好跟孩子说话。明明想让孩子进步，说出口的话却是："这都不会，你是只猪啊！"孩子学习时姿势不端正，担心孩子近视，满满的关心却说成了："你想让你的眼睛瞎了吗？！"孩子听到这些话的时候会认为自己不行，进行自我否定。父母要善于用积极的语言和共情的语言表达自己的想法，如："宝贝，为了我们的小眼睛更明亮，我们只看十分钟的手机行吗？""为了让自己早睡觉，明天精神满满，我们能不能加快一下写作业的速度呢？"这样说话，孩子就会容易接受，觉得妈妈很接纳自己，很理解自己，就会更有信心。

好好说话，是良好亲子关系的基础，要想改善亲子关系，父母不妨和孩子从好好说话开始。

接纳孩子的不完美

曾经有位渔民，靠打鱼挣的那点钱养活一家老小六口人，日子过得穷困又潦倒。某天，他一如既往地收网时发现捞上来了一只大蚌，想想一两只蚌也没法卖，他便把蚌拣出来，打算拿回家去给小儿子玩。为了防止蚌壳夹住孩子的手，他找块石头把蚌壳砸开了。不想蚌壳刚刚被敲开，一道夺目的光彩便射了出来。“珍珠！”他顿时倒吸了一口冷气，一颗鸡蛋般大小的大珍珠呈现在了他的眼前！握着这颗十分罕见的巨大珍珠，渔民欣喜至极，都快要喘不上气来了。“发财了，我发财了，我再也不用过以前那样的穷日子了……”渔民一边自言自语，一边陶醉地抚摸着这颗将改变全家命运的大珍珠。忽然，他发现珍珠上有一个小小的暗色斑点，虽然不仔细看注意不到，但一旦看出来就让人感觉无法忍受——如此一颗硕大而美丽的珍珠，怎么可以有一点点瑕疵呢？它应该是完美的！

为了让珍珠更完美，卖的价钱更高一些，渔民返身从船舱里拿出了一把水果刀，他准备修一下这颗宝贝。只见他小心翼翼地转动着珍珠，把带暗斑的表层轻轻削了去。不想削一层之后，暗斑还在，于是他狠狠心，又削掉了第二层。原以为这下足够把那点瑕疵去掉了，谁知对着阳光一看，淡淡的杂质犹存，所以渔民不得不第三次拿起了刀子……

珍珠上的暗斑终于完全消除了，大功告成的渔民喜不自禁地放下了刀子。但在摊开手掌的一瞬间，他愣住了——这是刚才那颗硕大无比的珍珠吗？怎么会只剩下绿豆般大小了呢？当看见脚下那一层一层的珍珠粉末时，渔民猛地把手中就快一文不值的珍珠扔了出去。然后，他瘫坐在船头大哭起来，再然后，他便一病不起了。

临终之前，他拉着妻子的手懊悔不已地说：“如果当初我不去计较那一个小小的斑点的话，一定不会落到今天这种地步……”

曾经有位家长向我求助，他说，孩子学习挺好，也挺懂事，但就是有个小毛病——爱拖拉。每次上学时，孩子都会看着表出门，早走一会儿都不愿意，家长就着急，就一个劲催促孩子，也因此会和孩子吵嘴，经常闹得很不愉快。我跟家长说，每个孩子都有自己的性格特点，你应该高兴才对。孩子其实心里非常有数，人家看着表走，到学校没迟到就行了呗，为什么非要求孩子按照你的节奏来呢？后来这位家长慢慢接受，不再为此唠叨，亲子关系也变得越来越和谐。

有时过分追求完美，刻意挑剔，只会失去更多乃至全部。宽容地把某点瑕疵看作事物独有的“特点”，才能体会到一种独特的幸福。

纠正扭曲的认知

曾经听过一个朋友讲她自己的故事。小学三年级某次考试，朋友的成绩很不理想，语文成绩90分刚出头，回家跟妈妈汇报成绩的时候，受到了严厉的批评和警告，妈妈对她的学习和生活要求特别严格。接着第二天数学成绩出来，更糟糕，89分。她非常害怕，中午回家，妈妈就问数学成绩。在她家老房子的炕前，她妈妈“咄咄逼人”的样子让她害怕极了，她就撒谎说考了98分。妈妈这才放松了下来，说这还差不多，之后还不忘再加一句威胁的话语：“以后要是语文再考那么差，你就等着！”但是纸终究包不住火，开家长会时，妈妈去讲台看成绩单，然后眉头紧锁，把她叫到讲台前，当着好几个家长的面问：“怎么回事？”她当时说：“妈，我撒谎了，你回家再打我吧！”直到现在这个情景都让她历历在目，可见对她的伤害有多大，直到她结婚之前，说起这段往事她还会潸然泪下。这导致她后来面对很多重要考试时都有这样的顾虑。直到有了自己的小家庭，远离了“充满压力”的妈妈，她才渐渐从阴影中走了出来。类似的伤痛会持续影响孩子现在以及未来的认知，进而影响孩子的行为。

这位妈妈的认知是不合理的，是扭曲的。当我们的认知变得扭曲的时候，就会产生一些不合理的行为，而这种认知扭曲导致的行为会对孩子造成非常大的负面影响。

一本书中的一个例子对我触动很大。汤姆邀请亲戚到他家度周末，本来以为亲戚只住一天，没想到亲戚住了六天。他们没带任何东西，而且非常挑剔，只吃有机食物，喜欢特定的白酒等，这让汤姆很抓狂。但如果让汤姆告诉他们并不是真正想跟他们度过一周，汤姆又感到内疚。有的时候人就是这样，需要把自己的真实想法表达出来，要积极地试着用真相去代替过分委婉或过分强硬的话语。有的时候人是需要冷静下来思考的，在不确定的情况下要能区分环境原因和个人原因，并列举消极的自我对话以及积极的思考，就像鲁滨逊被困在孤岛上一样，把不好的和好的方面都列举出来，多看那些好的方面。

再以朋友的心结为例。如果她的妈妈再批评她，她可以跟妈妈说："妈妈，我这次已经尽力了，我会总结经验，下次会考得更好。妈妈，你能不能改变一下说话的方式，给我点鼓励，我会心情好，也会考得更好。"试着跟妈妈沟通一下，也许会有不同的结果。

亚瑟·乔拉米卡利在《共情的力量》这本书中提到认知扭曲有以下几种情况：假设相似性、非黑即白的思维、小题大做、认知从众、感情用事、算命、理想化、忽略情境或语境因素、忽略积极因素、内部团体偏见、标签化、放大、微秒级反应、读心术、最小化、负性偏差回忆、消极预测、以偏概全、过于简单化、过度思虑、成就成瘾、个人化和指责、投射、通过自我批评去刺激自己、应该和必须等。我们必须审视自己的这些不合理的认知扭曲，才能调整自己的行为。

《共情的力量》中有个例子，约翰是个不错的人，他想要一种幸福美满、充实的生活，却被严重误导了努力的方向，因为酒驾被处罚，又因为季度销售不理想被开除。其实这源于他的家庭教育。他的家庭教育中的一个误区就是功利性比较强，使约翰只是为家里赚钱而不关心家庭成员的情感需求，这成为他痛苦的根源。约翰特别习惯于小题大做，总是在事情没达到预期时，就开始想一些不好的事情。这种习惯给他带来了非常大的压力，也让他过得不幸福。本来妻子想用分居的方式刺激约翰改变自己，让他学会如何变得平静，但他却误解了妻子，认为妻子是因为现实的原因分居，是离婚前的美丽的谎言。还好在亚瑟咨询师的协助下，他获得了共情能力，然后让这种共情传达到他的家庭成员的身上，改变了他原来的那种功利的、对亲情的错误判断，所以他的家庭中的爱再次被点亮。在这样的情况下，他和他的妻子过上了越来越好的生活。

我们很多人为了挣钱养家，忽略了家庭成员间的情感互动，甚至许多父母把孩子交给爷爷奶奶带，造成留守儿童爱的严重缺失。也有的家庭因为认知的扭曲，夫妻间没有看到另一方真正的目的，导致夫妻之间没有真诚的交流和共情，彼此猜疑。这些都会不利于家庭的幸福。

要改变这些扭曲认知，首先要有强大的共情能力。如果我朋友的妈妈有共情能力，能站在孩子的角度考虑，关照孩子的感受，也许就不会当着很多家长的面来批评孩子，给孩子造成了很大的心理阴影。

作为父母，我们要不断提高自己的共情能力，只有这样我们才会有机会帮助他人改变扭曲的认知。就像约翰，他也是遇到了有共情能力的心理咨询师才走出来的。父母只有与孩子共情，站在孩子的角度思考问题，才会理解孩子，才能更好地与孩子交流，才会有更好的亲子关系。

作为一名心理教师，我深深地体会到共情和改变扭曲认知的重要性，尤其是在心理咨询中，共情的重要性体现在它是咨询师与来访者建立信任关系的关键环节。只有准确地与来访者共情，来访者才能感受到来自咨询师对他/她的理解与认同，才会有下一步改变扭曲认知的行动。我曾经给一个学生做了四次辅导，记得孩子的妈妈说："孩子跟我说过曲老师很好，和蔼，能懂他，还说要是曲老师能做他的妈妈就好了。"因为我共情孩子，和孩子建立了很好的关系，再引导孩子改变自己错误的认知，所以这个孩子做了四次咨询就回归了正常的生活。

纠正认知扭曲应注意以下要素：

触发事件：这次考试我的孩子考得不好，还有两个月高考，考不上好大学就完了。

结果：感觉失落、伤心。

新的信念：这次孩子没考好也许有别的原因，如果孩子再努力一下，也能考上好大学。

新的结果：作为家长我会更加理解孩子，支持孩子，和孩子一起努力，孩子一定会考好的。

生活不易，我们可能穿越过黑暗，可能我们也受过伤，但是你变好了，整个世界也会跟着变好。我们边学习边反思，调整自己的错误认知，让自己的人生过得更好，不也是一件很美妙的事情吗？在认知行为疗法的指导下，从弯路走向正途，最终在社会繁杂压力的包围下获得生活的平衡。祝愿家长们越来越幸福，越来越富足！

女孩早恋和父亲的关系

一位家长向我求助：孩子现在上高一，从初三就有谈恋爱的苗头，没想到到了高一就和一个男生谈起了恋爱，一到周末还会跟那个男生一起出去玩，学习成绩也是急剧下降。孩子谈恋爱的事情是妈妈从孩子的日记里看到的，妈妈现在很着急，怕孩子因恋爱和学业的双重压力而抑郁。孩子的爸爸什么也不管，一点也不着急，觉得那是孩子自己的事情，与家长没有关系。通过交流才知道，孩子的爸爸是独生子，其父母都是教师，家庭条件不错，但是父母比较自私，总想把孩子绑在自己身边，如果儿子找到工作就说自己生病了，让儿子回来照顾他们，儿子回来照顾他们又笑话儿子找不到工作，没本事。两口子从小就不培养儿子，把孩子当成自己的私有财产。

孩子爸爸在那样的家庭环境里成长，他的心理其实是不大健康的，所以在自己女儿出了问题后，他才比较冷漠，不管不顾。

心理专家认为，孩子如果出现了早恋，其实和父母有很大的关系。我们很多父母可能非常重视孩子的学习问题，但对亲子关系与情感的建立和培养则有所忽略。父母对儿女的爱真的需要从小就建立。三岁之前是孩子安全感建立的重要时期，如果这个时候把孩子交给姥姥姥爷或爷爷奶奶带，等孩子长大了再接回身边，相当不利于孩子安全感的建立。这是极不正确的抚养方式，不利于父母与孩子建立亲密关系，更不利于父母教育孩子、帮助孩子健康成长。

女孩子往往会内化父亲的价值观。在早恋问题上，一般来说，女孩子的早恋还可能与父亲有很大关系。如果女孩小时候跟爸爸的关系特别好，也就是说，她对爸爸在早年就形成了一种依恋，那么在长大的过程中，她很可能与爸爸无话不谈，有什么想法都会与爸爸分享，爸爸也完全能够理解她。而作为父亲，如果在孩子5岁前没有与孩子形成这种亲密感、安全感和信赖感，父亲往往会在一个所谓正确教导孩子的面具下，把孩子推得很远。孩子感觉不到父亲爱她的那份亲密感，就会与父亲有距离，有防御心理，缺乏信任。

一个女孩子如果与爸爸关系好，在她青春懵懂的时候，她就不容易早恋，因为她会无意识地把爸爸的一些价值观内化在自己心里。比如，父亲说女孩子太小，早谈恋爱会吃亏，或者因为不懂事会影响学习，女儿自然而然会把爸爸的这种价值观内化，早恋的可能性就相对减小，甚至化解。如果女儿和爸爸的关系不好，她就会寻找另外一个男生，寻求父亲的那种安全感以弥补自己父爱的不足。

作为父亲，要承担起父亲的责任，做好父亲的角色。我经常说一句话，我们要么不结婚，结了婚有了孩子就要对孩子负责。很多家长说，我们小的时候，父母就是那样对我们的。可是今天的孩子和我们小时候相比已经发生了太大的变化，现在的社会环境、教育方式等都与过去不同，教育孩子的方式当然也是千差万别。我们如果不好好学习，不了解今天孩子们面临的压力，不改变自己的教育方式，不走进孩子的心里，就很难和孩子相处好。等孩子出了心理问题，甚至出现了不可挽回的结果，会后悔莫及。

改变自己的思维方式

曾经看到一个小故事。老和尚问小和尚："如果你前进一步必死，后退一步则亡，你该怎么办？"小和尚："我可以往旁边去呀！"

这个故事给我们很大的启发。在家庭教育中，家长的思维决定孩子的思维，在教育孩子过程中，家长要善于积极思维。

表6-1　家长的消极思维与积极思维

消极思维	积极思维
一定要考个好学校	一定要找个适合孩子的学校
渴望孩子拿第一	渴望孩子成为一个喜欢学习的人
孩子成绩下降真糟糕	我有了发现孩子问题的机会
期待孩子学习好	期待孩子全面发展
孩子的问题是长久的	孩子的问题是暂时的
多报补习班	不断地激发孩子的学习兴趣是关键
千方百计让孩子多学习书本知识	创造机会让孩子多体验
孩子比别的孩子差得远	孩子的发展空间很大
这孩子脑袋空空的	一定要想办法帮助孩子填补头脑的空白
孩子学习不好将来没有出息	孩子只要有梦想一切都会好起来
我的孩子真糟糕	家庭教育要改进

国内知名的心理学家曾奇峰形容说，夫妻关系是"家庭的定海神针"。婚姻中，两个人的世界观、价值观不一样，难免会有一些矛盾，如果不懂得缓和，时间长了，夫妻之间的关系就会越来越僵，甚至会走向离婚的边缘。其实，可以换一个角度、换一种思维模式来看问题。

表6-2　夫妻关系的消极思维与积极思维

消极思维	积极思维
凑合着过	努力经营
我命不好	我一定要通过提升自己改变家庭的命运
我找错人了	我错在哪儿了
要是我再年轻一点	我还很年轻
我的文化程度不高	我会不断学习
要是我老公（老婆）是……	幸福要靠自己
平平安安就是一切	不断进取才是一切
别去冒风险	要学会管理风险
我对未来不抱多大希望	坚持才有希望
家人并不理解我	我要多沟通，让家人理解我
我说了多少遍他都不改	我要掌握说话的艺术
贪财乃是万恶之源	贫困才是万恶之本
我对钱不感兴趣	我的爱好是让钱生钱
他总惹我生气	我的修养不够
我要不断地挣钱（我要追钱）	我要不断升值（钱要追我）
我年龄大了不想改变了	我必须改变自己
这是一个让我感觉不安的家	这是一个充满希望的家

对于孩子，父母都给予了很大的期望，很多父母只关注孩子的成绩，父母越关心孩子的成绩，孩子越不愿意学习，亲子关系就越来越紧张。其实父母可以换一下思维模式，看看是不是会有好的结果。

表6-3　对于孩子的学习，父母的消极思维与积极思维

消极思维	积极思维
孩子现在已经不错了	眼界决定未来世界，我不能让孩子做井底之蛙
只要孩子学习好我就放心了	孩子积极进取而且性格好我就放心了
我要帮助孩子成长	我要做表率让孩子知道我是怎么做的
除了学习好我不要求孩子什么	我一定要帮助孩子成为精神强大的人
我不能让孩子吃苦	让孩子有苦的体验才能促进他的心灵成长

续 表

消极思维	积极思维
孩子不能吃亏	让孩子知道小舍小得、大舍大得
让孩子将来发大财、做大官	先让孩子做好人
孩子小不懂事	抓住每一个机会让孩子明事理
要是我有钱就可以送孩子出国了	抓住每一个机会让孩子懂得事理
孩子真让我担心	我要多鼓励孩子让他更有信心
孩子将来考个好大学就好了	孩子爱学习比上大学更重要
寄希望于孩子努力	通过自己努力让孩子知道什么才是积极人生

父母的思维方式会直接影响孩子的思维方式。思维方式积极，行为就积极，行为消极则常常使思维方式消极。

培养孩子情商的秘籍

一次，一位家长说自己的孩子从小学习就很好，上小学时基本都是班里第一，到初中、高中后也几乎都是年级第一，并以优异的成绩考上了名牌大学。可是孩子总是觉得自己不够优秀，没有自信心，而且没有知心朋友，和老师、同学的关系也不和谐。有时和同学发生矛盾，他会控制不好自己的情绪，家长都急死了，想不明白学习这么好的孩子怎么就这样不会处理事情。

情商高是成功的重要因素，很多成功人士的情商都很高。高情商的孩子不仅能管理情绪、维持积极的心态，还能更好地面对困难、挫折。

什么是情商？为什么大家都在议论它？情商（Emotional Quotient，简称EQ）通常是指情绪商数，它是近年来心理学家们提出的与智商相对应的概念。我们一般认为，情商由自我意识、控制情绪、自我激励、认知他人情绪和处理相互关系这五种特征组成，是自我评价的标准之一。在社会交往中，人们越来越意识到情商的重要性。高情商的人总能更快速地赢得他人的好感，有更加独立自律的自主意识，也更容易在奋斗的道路上获得成功。有关资料显示，近年来，我国中小学生心理疾患发病率呈直线上升趋势。目前，有35%的孩子具有心理异常表现。存在明显心理问题的学生，小学生占10%，初中生占15%，高中生占20%，孩子的心理异常表现主要集中在情绪易波动、行为偏执、承受挫折的能力差、人际关系极不协调、厌学等方面。家长如何做才能培养孩子的情商呢?

一、帮助孩子提高自我意识、悦纳自我

先给大家讲一个故事。

小蜗牛问：为什么我从生下来就要背负个又硬又重的壳呢?

蜗牛妈妈：因为我们的身体没有骨骼的支撑，只能爬，又爬不快，所以要这个壳的保护。

小蜗牛：毛虫没骨头，也爬不快，为什么她却不用背壳呢?

妈妈：因为毛虫姊姊能变成蝴蝶，天空会保护她啊。

小蜗牛：可是蚯蚓弟弟也没骨头爬不快，也不会变成蝴蝶，他为什么不背这个又硬又重的壳呢?

妈妈：因为蚯蚓弟弟会钻土，大地会保护他啊。

小蜗牛哭了起来：我们好可怜，天空不保护，大地也不保护。

蜗牛妈妈安慰他：所以我们有壳啊！我们不靠天，也不靠地，我们靠自己。

心理学上有一个词语叫“悦纳自我”，说的是要愉悦地接纳现实的我。但在现实生活中，很多人都很难接受自己，但他们偏偏又想得到别人的认可，希望老师、父母、同学都爱他，但唯独他自己不爱自己。悦纳自我就是相信自己，肯定自己，爱自己。一个人最大的胜利就是战胜自己。完善自我、超越自我不是一帆风顺的过程，需要我们付出艰辛的努力，这是一个“新我”形成的过程，也是一个从“小我”走向“大我”，从“昨天我”向“今日我”“明日我”迈进的过程。无论成人还是孩子，都要珍惜已有的自我，追求更好、更高的自我，做到一个自如的、独特的、最好的自我。

二、教会孩子控制情绪，做情绪的主人

孩子的情绪情感不稳定的原因有很多。青春期的孩子感知情绪的杏仁核在15岁左右就发育完善了，而控制情绪的前额叶在25岁左右才发育成熟，所以，前后近10年的差距让青春期的孩子浑身是刺。实践证明，一个人的情商高低很大程度体现在其自身情绪控制的能力上。人该如何控制自己的情绪呢？首先，认知调节。面对同样的问题，从不同的角度去看可以产生不同的态度与想法。其次，合理宣泄。心情不好时，可以向同学、朋友、亲人和师长等倾诉自己心中的烦恼，或者写日记。再次，心理放松。可以通过深呼吸放松肌肉来调节情绪，也可以通过欣赏自然风光和名胜古迹、做运动、听音

乐、逛街等活动转移注意力来调节情绪。在孩子调节情绪的过程中，家长的引导作用也非常重要。

三、通过挫折教育，增强孩子的心理承受能力

人生之路不总是一帆风顺，挫折对每个人来说是不可避免的。有的孩子面对挫折惧怕而消极悲观，这样就影响了正常的学习和生活。心理研究表明，承受挫折能力和其他心理品质一样，可以通过学习和锻炼而获得提高。在日常教育工作中，我经常教育孩子要有意识容忍和接受日常生活和学习中的挫折，明白“失败乃成功之母”，明白许多饱经风霜、遭遇过人生坎坷的人比一帆风顺的人更能忍受挫折，更有作为。遇到挫折时，我们首先要正确认识自己所遇到的挫折，认真对其进行分析。然后针对问题改变自己不合理的信念。再就是要调整自己的目标，检查主观的智力、能力、体力是否适应目标的达成，若目标过高，就要适当降低或改换目标，同时不要把远期目标当作近期目标。

四、引导孩子处理好同学关系

孩子和同学搞好关系很重要，良好的同伴关系有利于孩子身心健康的成长，但很多孩子和同学关系紧张，交不到朋友，甚至影响了学习。首先，家长应引导孩子打开心门，主动地与同学交流，不带任何功利与怀疑，只有真心地交流才能换得真正的友谊。其次，家长要帮助孩子树立自信心，对孩子进行心理暗示，“我也很优秀，我一定会交到好朋友的”。最后，家长要帮助孩子善于和同学进行合作，和睦相处，使孩子学会相互包容、理解，相互关心，与同学有矛盾的时候要学会换位思考，在同学需要帮助的时候进行无私的帮助。

总之，家长要引导好孩子，培养孩子的高情商有助于弥补孩子智商教育的不足，能促使孩子提升和他人交往的能力，帮助孩子消除负面情绪。这样孩子就能更积极地展开学习，从而提升学习成绩。

倾听和陪伴

有一天，陪着儿子一起读了《最好的陪伴》一书。这本书讲了一个名为泰勒的小男孩，在搭积木搭到了完美之时，被一群乌鸦摧毁了杰作。泰勒开始伤心起来。正在他伤心的时候，小鸡、棕熊、大象、斑鬣狗、鸵鸟、袋鼠还有蛇都陆陆续续地注意到了泰勒的异常，然而泰勒却不理会它们，一脸茫然。于是这些动物都走了，此时泰勒埋头沮丧。过了一会儿，一只小兔子走了过来，依靠着泰勒的身子，让泰勒渐渐感受到了这只小兔子的温暖。在泰勒与兔子拥抱之后，泰勒说个不停，随后他大喊大叫，努力回忆，哈哈大笑。后来泰勒躲藏起来，每当他又想扔东西或是想搞破坏之时，小兔子都在他旁边，耐心地听着，看着他所做的一切，自始至终与泰勒在一起。最后泰勒决定重新搭积木，并且希望能搭得更好。

当孩子遇到挫折时，我们应该像故事中的小兔子那样，无论孩子怎样发泄情绪，都始终静静地陪伴孩子，给孩子温暖，给孩子发泄的空间，给孩子最需要的倾听。这种倾听和陪伴，能帮助孩子从困境中走出来。

庚子年新春来临之际，新冠疫情突然袭来，牵动着每个人的心。在这场没有硝烟的战争面前，每个人都责无旁贷。济南市南部山区要成立疫情留观站，我第一时间毫不犹豫地递交了“请战书”，成为留观站心理疏导最美逆行者。来留观的人都是确诊病例的密接者，他们要在房间待14天，可想而知他们是很焦虑的。被隔离人员最小的只有11个月大，而最年长的已是72岁老人。他们来自不同行业、不同背景，文化程度差别大，心理状态十分复杂，并且往往过度焦虑。我根据每个人的情况对他们开展一对一的心理疏导，并在济南市首个留观点率先引进心理疏导机制。我先后累计为581名被隔离人员开展心理疏导，被他们称为手机屏幕对面的贴心人。“曲老师，我快递寄到了，能帮我取一下吗？”“曲老师，我孩子小要吃鸡蛋羹。”……为了更好地让隔离人员感受到家的温暖，我组建了名为“波罗峪温暖一家人”的微信群，在这个群里几乎所有的疑问都得到解答，所有的沟通都充满善意和真诚。“温暖”是我作为心理疏导人员的初心和使命。“妈妈，你什么时候回来？”家里刚满三岁的儿子和马上高考的儿子却得不到我的温暖，他们牵挂我，我也牵挂他们，我们只能通过微信视频互报平安。“……在隔离期间，我的心情很糟糕，很抑郁，有一颗忐忑不安的心，感到有说不出的委屈，是您给了我安慰，让我在这儿感到了家的温暖……”读着一封封感谢信，看着一面面锦旗、一张张笑脸，我觉得再苦再累都值得。我也因此先后被评为济南市首批疫情防控“身边好人”、抗击疫情“山东好人”、济南市“抗疫榜样”，我和工作小组的事迹被山东农科、山东影视、山东生活、济南教育新闻等频道相继报道。

记得一天夜里11点半，忙得差不多了，也该休息一下了，我刚躺下，突然电话响了，我条件反射似的赶紧起来，原来是崔姐打来的，她的第一句话是：“曲老师，我现在很害怕，我体温到了37.4℃。”我一听，也紧张起来了，但我接着镇静了下来，因为崔姐来这里已经好几天了，体温一直很正常，没有什么特殊情况，肯定是有什么其他原因，于是我就说：“姐，你先别着急，先放松你的心情，做几个深呼吸，深深地吸气，慢慢地呼气，先让自己放松下来，有什么事情你跟我说，有我在呢。”放松后，她和我说了事情的原因，她说她同科室的一个人确诊了，派出所又连续给她打了三个电话，她紧张害怕，体温升到了37.4℃。我又继续引导她做了放松训练，然后建议她把空调的温度调低一点，告诉她不用担心，她同科室的确诊了，她并不一定会有事，不要过于害怕。等她完全平静下来后，我又让她测量了体温，最后连续测得体温36.5℃、36.6℃，她体温正常了，我悬着的心这才落下来，她心情也好多了。我俩又一直聊到凌晨1点，等崔姐睡了，我闭着眼睛，却怎么也睡不着了。

记得又是一个凌晨，手机忽然来了一条微信：“姐，我能出去透透气吗？”文字后边还带着三个哭的表情。一个三十多岁的男人，发三个哭的表情，我一看情况不妙，他此时肯定遇到了什么事情，可能情绪不好，我立马跟他进行了微信视频。果然视频里，他在屋里走来走去，焦虑不安。我就跟他交流，首先我说的是："你先别着急，你遇到什么事情了吗？"接着他就开始讲述了事情的原委。原来，他老婆明天动手术，他家里有两个孩子，一个才7个月，一个才9岁，妻子动手术，自己作为丈夫不能陪在她的身边感觉很无奈，很自责，说着说着就哭了起来。我说："哭吧，兄弟，我非常理解你此时的心情，哭出来就好了。"

等他哭完了，我跟他进行了交流："马老师，您此时的心情我非常理解，如果是我，我也会很着急，很难过，但现实的问题是你隔离期还没到，你妻子做手术需要无菌环境，虽然你核酸检测是阴性，但你身上或许有别的病菌，如果你出去带给你妻子怎么办？为了你妻子的安全、孩子的安全，请您一定要暂且忍耐。至于你妻子的手术，我们会联系区医院的院长和主治大夫，有什么需要我们会尽最大努力帮忙。请您放心好吗？"

经过一个多小时的倾听、陪伴、交流，他的情绪慢慢稳定了下来，他也不想着出去了，还表达了对我们的感谢。我说："兄弟，放心，有姐在呢，我们工作人员会陪伴你，也希望你放平心态，好好配合，早日出隔离期和家人团聚。"

家庭教育也是一样，当家长觉得孩子有问题时，当孩子想和你谈心时，请记住，对孩子来说倾听、陪伴是最好的礼物。家长要想让孩子敞开心扉，首先要学会闭嘴，学会倾听、陪伴。你能倾听、陪伴孩子，孩子就会感觉到开心，感觉到被理解，很多时候，孩子诉说完了，也就没事了。

让孩子学会表现满意

有一个家长向我诉苦，每次考试后，他孩子都说考得不错，对自己的成绩沾沾自喜。其实孩子只是注重感觉满意，并没有注重表现满意。家长要引导孩子看到自己的努力与付出，对自己的表现满意。

亚里士多德说："快乐不是一种可以与我们所作所为分开的感觉，快乐就好像舞蹈中优美的动作，不是舞者在跳完舞后的感觉，而是将舞跳得很好时的一种不可剥夺的成就感。除了正确的行动以外，快乐是无法从其他任何方式中得来的。"一个是提倡儿童的自尊感，另一个是提倡征服与乐观，这两个方面应被视为一个不可分割的整体，前者将感觉满意视为主要目标，将儿童的实际表现看作一件幸运的副产品，认为最重要的是孩子对自己的看法；后者则是提倡实际行为才是主要的训练和教导目标，认为满意仅仅是甜美的副产品。

我们要进行成功教育还是强者教育？成功教育只是让孩子体验成功的快感，让孩子总是生活在赞美、鼓励、成功和鲜花中，或者只有成功，不能失败。真正的教育应该是强者教育，让孩子能勇敢地面对挑战，无论成功与失败，只要努力了，只要实践了，就能体验快乐，因为参与而快乐，因为挑战而快乐，因为提高而快乐，而不是不仅仅因为成功而快乐。

教学中，特别是每一次考试后，有的学生对自己的成绩沾沾自喜，其他大部分学生对成绩带来的感觉还是不满意。其实这都是停留在感觉满意与不满意上。随着年龄的增长，越来越多的学生对学习不感兴趣，随着年级的增长，越来越多的学生会两极分化，而差生也会越来越多地生成。究其心理原因，即使成功也仅仅停留在感觉满意，而没有体验到表现满意，因为真正的表现满意不一定非得成功才能体验到，即使失败也能体验到的满意才是表现满意。由此，每次考试之后，我在总结评价时，会重点让学生反思这段时间的学习态度，对比以往的成绩是否有进步。我会特别表扬学习更加努力的学生，我也会告诉成绩优异的学生不要因为暂时的优异成绩而沾沾自喜，而应反思自己是否有进步，是否更努力，是否更认真。我会给大家传递一种观念，只要努力了，进步了，就应该快乐，即使没有达成目标，即使成绩仍然不优秀，也应该感到快乐和自豪！真正的快乐应该产生于努力的过程中，产生于接受挑战的过程中，产生于比赛的过程中。真正的强者应该是在每一次的考试、挑战、比赛之前享受认真的准备过程，享受在准备过程中的提高，享受比赛的过程，享受赛后无论成功与否，都能积极地迎接和面对下一次的挑战！

让孩子学会延迟满足

米歇尔教授招募了600多名4岁的儿童作为志愿者做了一项实验。研究人员把这些孩子带进房间，这个房间只放了一张桌子，桌子上放了一颗棉花糖。他们告诉这群孩子："盘子里只有一颗棉花糖，如果现在吃了，那就只能吃一颗，如果等15分钟后再吃，你就会多得到一颗额外奖励的棉花糖，那你就可以吃到两颗糖了，具体选择由你自己决定。"

研究员说完之后就关上门走了。多数孩子在门被关上后的几秒内就把棉花糖给吃了。不过，也有等1分钟、2分钟以及多几分钟的孩子。但是，只有1/3的孩子彻彻底底地等了15分钟。

研究员对这群孩子进行了几十年的追踪研究，发现那些能够为获得更多棉花糖坚持忍耐更长时间的孩子，要比那些缺乏耐心的孩子成绩更优异，能获得更高的学位，在集中注意力和推理能力方面的表现都比别的孩子好，抗压能力更强，更少地出现如犯罪、肥胖和吸毒等不良问题。推迟满足感虽然需要我们当下忍耐诱惑，却能带给我们丰厚的回报。

家长可以让孩子学会延迟满足，让孩子知道忍一忍可以获得更大的收获。家长可以用"爬梯子"的策略，比如说通过问问题或和孩子做一些其他有趣的事来让等待的过程变得比较自然，就像爬梯子一样，它注重的是过程。我们可以帮助孩子一点一点接近目标，让孩子懂得分散注意力，积极回应孩子的需求也是非常有效的策略。

例如，有一次，我们在排队买汉堡，不知道为什么那次人很多。我们排了很长的队，孩子说："妈妈，我饿了，想现在就吃。"我说："我们耐心排队，等轮到我们，妈妈答应给你买两个可以吗？"这时，我看了看店里的墙上有一些宣传画，而且有各种颜色，我就指着墙上画的颜色问他：“宝贝，你看那是什么颜色？”“红色。”“红色用英语怎么说来着？”“Red.”“宝贝，那这个又是什么颜色呢？”“绿色。”“绿色用英语怎么说来着？”“Green.”就这样，我们把墙上的各种颜色用英语说了一遍，也等到了我们的汉堡，而且我兑现了诺言，给孩子买了两个。

在孩子等待的过程当中，如果去问一些孩子感兴趣的问题，或者做一些游戏，那么这个过程就会变得比较自然。我们可以帮助他一点一点接近目标，一点一点去学会延迟满足。

当孩子能够做到时，也不要忘记告诉孩子：孩子可以等待在妈妈的眼里是非常有价值的，通过等待的过程，我们可以获得一个更好的结果。延迟满足和等待并不是意味着失去，而是双倍的得到。这种得到不仅是外在物质的获得，还有内心喜悦满足的获得。

神奇的心理暗示

有一个学生找到我诉苦，她说自己学习不好，但嗓音挺好，喜欢朗读。有一次，班主任让她代表班级去参加演讲比赛，她练习了很多遍，觉得已经练得不错了，可是上台比赛那天，还没轮到她，她就心里紧张，妈妈的一句话在耳边响起："你干什么都不行。"此时她紧张得都出汗了，结果平时练得很熟的演讲在台上没表现好。她很自责，也很痛苦。

她的失败在于妈妈消极的心理暗示。消极的心理暗示让她产生了消极的信念。信念一旦形成便会影响一个人的一生。先来看几个心理学家做的实验。

跳蚤实验：实验者把一只跳蚤放在了一个玻璃杯里，跳蚤立即轻而易举地跳了出来。然后重复几遍，结果还是一样。经过测试，原来跳蚤跳的高度一般可达它身高的500倍左右。接下来实验者再次把这只跳蚤放进杯子里，不过这次不同的是，他们在杯口盖上一块玻璃板。这次跳蚤仍然没命地往上跳，只听"砰"的一声，跳蚤重重地撞在玻璃板上。但是它并没有停下来，而是照样不厌其烦地跳着，因为这是它惯用的逃生方式。可是一次次被撞之后，跳蚤也开始变得聪明起来了，它开始根据盖子的高度来调整自己所跳的高度。又过了一会儿，实验者发现这只跳蚤再也没有撞击到盖子，而是在玻璃板的下面自由地跳动。

一天后，实验者把这个玻璃板轻轻拿掉了，但跳蚤还是在原来的高度不停地跳。即使三天以后，实验者也没有发现异样。一周过去了，那只可怜的跳蚤仍然没有突破玻璃杯口。跳蚤为什么跳不出玻璃杯了呢？原因就是跳蚤在一次次的失败后产生了"我不行、我是跳不出这个玻璃瓶的"这样的信念，这种信念将它封闭在玻璃杯中了。

鲨鱼和一群热带鱼的实验：实验者将一只最凶猛的鲨鱼和一群热带鱼放在同一个池子里，然后用强化玻璃把它们隔开。最初，鲨鱼每天不断冲撞那块看不到的玻璃，奈何这只是徒劳，它始终不能游到对面去，而实验者每天都在池子里放一些鲫鱼，所以鲨鱼也没缺少猎物，只是它仍想到对面去，想品尝那热带鱼的滋味，每天仍是不断地冲撞那块玻璃，它试了每个角落，每次都是用尽全力，但每次都弄得伤痕累累，就这样持续了好一些日子。

后来，鲨鱼不再冲撞那块玻璃了，对那些色彩斑斓的热带鱼也不再在意，好像它们只是墙上会动的壁画，它开始等着每天会固定出现的鲫鱼，然后用它敏捷的本能进行狩猎。实验到了最后的阶段，实验者将玻璃取走，但鲨鱼却没有反应，每天仍是在固定的区域游着，它不但对那些热带鱼视若无睹，甚至当那些鲫鱼逃到另一边去时，它就立刻放弃追逐，说什么也不愿再过去。

一头大象，当它还是小象的时候，人们就用一条铁链把它拴在一个小木桩上，小象刚开始会挣扎，但是每次挣扎都以失败告终，时间长了，当它长成几吨重的大象的时候，它有足够的力量挣脱链子了，但它却不再挣扎，因为在它的脑中已经形成了一个信念："我不行，我是永远挣脱不了链子的。"正是"我不行"的信念把它拴在了一个小小的木桩上。

积极的心理暗示是一种很强大的力量，当这股力量发展为对自我认知的自信、对自己未来成长的期望时，人自然而然就会变得愈发自信、强大起来。

我们的孩子也一样，就像本文开头的那位同学，妈妈从小就给她传递一种消极的信念——"你干什么都不行"，所以她就真的干什么都不行，学习不好，演讲也紧张。所以，家长们要给孩子传递积极的信念，经常对孩子说"你是最优秀的""我们相信你"等，对孩子抱有期望和信心，孩子的发展就会超出你的想象！

学会沟通

有一次，一个家长给我打电话说，现在根本没办法和孩子沟通，说不了几句话，孩子就烦，尤其是玩手机，根本管不了。

这让我想到了《非暴力沟通》前言中说的："我相信，人天生热爱生命，乐于互助，可是，究竟是什么使我们难以体会到心中的爱，以致互相伤害的？""是的，也许我们并不认为自己的谈话方式是'暴力'的，但是我们的语言却常常引发自己和他人的痛苦。"

非暴力沟通被称为爱的语言。我们要运用非暴力沟通聆听孩子心灵深处的需要，用全新的眼光看待亲子关系。

非暴力沟通模式的四要素：第一，留意发生的事情（描述事实），我们此刻观察到了什么？不管是否喜欢，都要说出人们所做的事情，要点是清楚地表达所观察的结果，而不是判断和评估（尤其不用"总是"等词）。第二，表达感受，尤指内心真实的感受。第三，表达在意的价值（想法）。第四，请求（要求具体的行动），使非暴力沟通成为沟通方式。非暴力沟通的精髓在于对其四个要素的觉察，而不在于用什么字眼进行交流。

例如，孩子玩手机，很多家长会很着急，就会说"别玩手机了""再玩手机就给你把手机摔了"等，这样根本起不到作用。

我们用非暴力沟通的方法来试一下。第一步陈述事实："宝贝，我看你已经玩了两个小时的手机了。"第二步表达感受："看到你玩手机，我很心疼，怕你的眼睛受不了，也会耽误你学习。"第三步表达想法："你要考上好的高中，就要开始努力了，如果你能写完作业再看手机，是不是更好呢？"第四步具体行动："那就放下手机，开始学习吧。"如果这样和孩子沟通，相信会有不一样的效果。

这种非暴力沟通的方法用在夫妻关系、亲子关系上都有很好的效果。

下面是一位女士的求助。她的丈夫做生意，不顺心的时候就会喝点酒解闷，但她不愿意让丈夫多喝酒，所以，丈夫每次喝酒她就会唠叨：“又喝酒，每次都喝这没多，能解决问题吗？”这时她的丈夫就会说：“不用你管。”于是两人就谁也不搭理谁，都生闷气。我给她出的主意就是用非暴力沟通的四要素：第一，留意发生的事情（描述事实）——“老公，我发现你每次心情不好就会喝酒”。第二，表达内心真实的感受——“你看你一喝酒，我就挺担心，担心你的身体”。第三，表达在意的价值（想法）——“我们是夫妻，有困难我们一起来面对，一起来承担”。第四，请求（要求具体的行动）——“如果你真的想喝，我就陪你，但我们少喝点可以吗？每次只喝一小杯”。这样，该女士的老公慢慢改了，酒喝得少了，而且生意也做得越来越好了。她老公说的“不用你管”这句话是真的不用你管，还是需要你的鼓励、帮助、安慰？所以我们要听出话中的语言。除了刚才说的沟通以外，该女士还可以给老公一个拥抱，说：“所有困难都会过去，我会陪你一起面对，我们会越来越好的！”

特别要注意，非暴力沟通的第一要素是观察。卢森堡在《非暴力沟通》开头的小诗中表达了他的观点：“我从未见过懒惰的人，我见过有个人，有时在下午睡觉，在雨天不出门，但他不是个懒惰的人，请在我胡言乱语之前想一想，他是个懒惰的人，还是他的行为被我们称为懒惰？”非暴力沟通并不要求我们保持完全的客观而不做任何评论，它只是强调区分观察和评论的重要性。将观察和评论混为一谈，人们将倾向于听到批评，甚至会产生逆反心理。

非暴力沟通的第二个要素是感受。我们习惯考虑“别人期待我怎么做？我又想让他怎么做？”而逐渐忽略自我与他人的感受。重庆市鲁能巴蜀中学一女生何某在家中跳楼自杀，原因是与母亲发生了激烈争吵。无独有偶，江苏盐城一名高三男生同样是在跟父亲争吵后，就纵身一跃，结束了年轻的生命。这些惨痛的案例背后，都有一个不容忽视的原因，就是家长没有及时“看见”孩子，感受到孩子的感受，压倒骆驼的从来不是最后一根稻草，而是每一根。暴风雨前并非毫无征兆，只是我们一直视而不见。

非暴力沟通是一种“爱的语言”，是提升我们人生质量的沟通模式，家长们可以尝试着用用，让我们学会沟通！

让孩子爱上阅读的秘诀

有个家长说孩子不喜欢阅读，向我求助。其实让孩子爱上阅读是有技巧的。

北宋文学家苏轼有一句话："忠厚传家久，诗书继世长。"意思是，为人应当忠厚，饱读诗书，不断学习，这样家族才会繁荣兴旺，长久不衰。杜甫也写过："读书破万卷，下笔如有神。"歌德也说："读一本好书，就是和许多高尚的人谈话。"2016年的一个调查：高考状元的家庭，其教育方式是特别的吗？通过采访全国68个高考状元，发现他们的家庭教育方式有惊人的相似之处，值得借鉴：朋友一般的家庭关系；深受父母言传身教的影响；阅读经典，拓展思维；作息规律，热爱运动。

如何进行亲子阅读呢？

一是要布置专门的阅读区域，大小无所谓，温馨舒适、充满童趣就好。

二是父母要做好榜样。武汉的余友珍因为拆迁拥有了17套住房，成为"千万富婆"，但她依然干着每个月一千多元的环卫工的工作。记者采访她的时候，她说："我想给儿子女儿做个样子，不能天天窝在家里坐吃山空。"她就很好地给孩子做了榜样。马斯洛的需要层次理论中指出，每个人都有五个层级的需求，且这些需求是由低到高逐级形成并得到满足的。比如，孩子的爱与归属的需求，孩子要做和父母相同的事情，才会满足父母的爱与归属的需求，所以如果父母积极上进，孩子也会感受到父母的积极上进；如果父母积极阅读，孩子也会积极阅读。

三是为孩子提供丰富的书籍，如《千字文》《千家诗》《中华经典诗文读本》《水浒传》（少儿版）等，最好是纸质的书，如果用电子设备阅读，会让孩子设备成瘾，也会损害孩子的视力，影响孩子的身心健康。

四是丰富读书的方式。可以是孩子讲给家长听；或家长读给孩子听；或家长读一部分，孩子读一部分；或家长和孩子合作阅读，或共同探讨读过的书；或及时表扬孩子在读书过程中好的习惯；抑或是平时多带孩子去图书馆读书。

如何让孩子养成读书习惯呢？有一个心理实验表明，21天的重复会形成习惯。其口诀是“3，7，21”。“3”是指前3天一定要认真，要坚持；“7”是指一个星期后才会产生兴趣；“21”是指培养一个习惯要用21天。要让孩子养成阅读习惯，必须让孩子有兴趣，兴趣是最好的老师，没有兴趣的阅读，就像牛不喝水强按头。如果牛不想喝水，你强按它的头，它也不会喝，如果你在牛的前面给它青草，它就会跟着青草走，最高的境界是牛听到音乐就会跑到你跟前。

家长可以借着与孩子读书的机会解决很多问题。比如，当孩子和小朋友产生矛盾时，家长可以给孩子读绘本《我们和好吧》。该绘本讲的是兔子波力和好朋友埃迪产生了分歧又和好的故事。孩子从故事中知道和小朋友和好的方法。当孩子早恋时，可以和孩子读漫画书《两个蛋蛋的故事》：缘分这东西很奇妙，似乎是上天注定的，似乎又不是。两个蛋蛋不知怎么的，在一起了，也许是上天安排的，也许不是。两个蛋蛋，一个大蛋，一个小蛋，终日待在一起，待久了，他们终于恋爱了。一起哭，一起笑，一起相约白头到老。他们一起晒阳光，一起淋雨，一起憧憬未来。他们感情越来越深，似乎没有什么能让他们分开。直到三个月后……两个蛋蛋碎了，大蛋孵出一只鳄鱼，小蛋孵出一只小鸟，他们看着对方，懵了。好在他们之前的记忆还在，他们依然爱着对方，你侬我侬。他们偶尔也会讨论晚饭吃什么，也会约对方一起去玩，但是分歧出现了，他们发现，自己喜欢吃的，对方不喜欢吃，自己喜欢玩的，对方不喜欢玩，而且没办法迁就，是天性的使然，还是命运的捉弄？分手不可避免，没有谁对谁错，他们分道扬镳，互相祝福对方，她有她的诗歌，他有他的远方。人生若只如初见，再也回不到从前，彼此在成长，岁月在变迁，突然有种“蛋蛋”的忧伤。读完绘本，孩子们可能就会明白在上学期间谈恋爱不稳定，浪费时间，也许没结果，就会从中思索自己的行为是否正确。

会阅读的孩子更易成功。让我们以书为伴，和孩子一起成长，给孩子埋下书香的种子，让孩子幸福一生。

第七章

从案例中反思

被比较坏了的孩子

一天一位家长求助："请救救我的孩子。"当我见到孩子的时候，她在不停地摇头，而且身材有些胖。她说，她小的时候，爸爸在外工作，自己跟着妈妈，而妈妈要做生意，所以经常自己一个人在楼上玩。她说她一个人在楼上很害怕，时间长了就会自言自语，或是会对着一个玩具说话。她很少有机会和爸爸妈妈交流，爸爸对自己的学习非常严格，她考不好就会挨揍，爸爸一般会用鞭子抽她。记得有一次，爸爸将她的脑袋往墙上撞，她的头被撞破了，而且流了很多血。从小学到初中她学习还挺好，到了升高中的时候，爸爸非让她去一个非常出名的高中，高二的一天晚自习，她就突然摇头晃脑，晕倒了，起来后就一直摇头。

她说叔叔家的哥哥和姐姐都考上了名牌大学，爸爸经常对她说："你要向你叔叔家的哥哥和姐姐学习，你看人家都考上了名牌大学，你怎么这么不争气呢。"而且只要自己考不好就说。每当爸爸这样说的时候，她都会感觉自己很无能，恨不得从这个世界上消失。

这位爸爸只关心孩子的成绩，为了成绩不惜一切手段，根本没有考虑自己孩子的实际情况，孩子考不好就打孩子，在孩子心里留下了阴影。爸爸总是拿自己的孩子和叔叔家的孩子比较，他却不知道这样比较会害了孩子。因为，孩子在心里会认为，学习好、能考名牌大学是叔叔家哥哥姐姐的领域，她不能参与，她不能学习好、不能考名牌大学。所以，爸爸越比较孩子越学习不好。父母要做的是爱孩子，接纳孩子的现状，爱是接纳，不是比较。正如《自信心让孩子永远不会放弃自己》中说的："要做一个好家长，只需要做到一件事，让孩子对自己充满自信。"因为对自己有信心的孩子，即使失败，即使受挫，也永远不会放弃自己。书中强调："孩子的自卑感其实就来自大人拿孩子与其他人比较，而这是父母常做的事情。"而要做到不比较，竟有那么难。一些父母常常拿自己的孩子和别人家的孩子比较，结果让自家孩子很受伤。请家长莫因比较而伤了孩子的心。

哈佛大学心理学教授霍华德·加德纳说，每个儿童都是一个潜在的天才，只是表现的形式不一样。霍华德教授在20世纪80年代提出了多元智能理论，该理论指出人类的智能是多元化的，每个人生来就拥有语言、数学逻辑、空间、身体运动、音乐、人际交往和自我认知七个方面的智能。这七种智能在每个人身上的分布是不均衡的。有的人可能有些技能很突出，而另外一些人这些技能就比较弱。所以，我们要用多元的眼光去看待和评价每一个孩子，引导他们积极主动地发展自己擅长的部分。比较不是拿结果来做比较，而是把努力的过程呈现出来。通过正确的比较，引导孩子积极向上，激发其内在动力。比如，孩子这次考试比上次有进步，可以这样表扬："孩子，我看到了你为这次考试付出的努力，爸爸为你这种努力的精神而感动。宝贝，你是最棒的！"这样孩子就有了积极向上的动力，接下来会更加努力地学习。

请给我有温度的爱

“老师，快到‘五一’假期了，可我不想回家。”

于是，我陪孩子利用中午时间摆了个沙盘。

图7-1　孩子摆的沙盘

孩子自述：“左边是我和爷爷、奶奶，我最喜欢奶奶的小菜园，里面有爷爷奶奶喜欢吃的蔬菜，辣椒是妈妈喜欢吃的。我从小和爷爷奶奶生活在一起，九年前奶奶走了（大哭），当时我哭晕了，我从来没想过奶奶会离开过我，奶奶怎么会离开我呢，我再也没有奶奶了。奶奶走了后，爷爷又找了个年轻点的奶奶，但这个奶奶从来不会做我喜欢吃的东西，只是给我随便做点，而我的奶奶会做我喜欢吃的东西。现在回到奶奶家，再也回不到从前了，她凭什么睡在奶奶的床上，还问爷爷要钱，凭什么？我想奶奶，奶奶知道我害怕，从来不来到我的梦里。我想奶奶，我想奶奶，哪怕奶奶来到我梦里一次也行。走在路上，有时看到别的老奶奶像我的奶奶，我就会跑去看看，多希望是我的奶奶，但我追上去一看，不是我的奶奶，我想我奶奶，我想奶奶……（孩子哭得撕心裂肺，我也忍不住陪着她哭）我小的时候不懂事，看见医生给病人打针，回家后我就用针扎我奶奶的手，奶奶居然把手伸出来让我扎，她疼了也不把手抽回去。奶奶你为什么心甘情愿让我扎？为什么你不把手收回去？我当时为什么那么做？我想奶奶，想奶奶，奶奶，奶奶我想跟着你走，带我一起走吧……”（孩子已经哭得泣不成声）

“我从小就跟着奶奶生活，爸爸妈妈从来不关心我，说不了几句话就吵，他们从来不知道我在想什么，现在我回家不和他们说话，有时他们会给我一些钱，就不管我了。奶奶走了后，我真的很难过，我抽烟、喝酒、进KTV，也经常划胳膊……我活着没有意义，不知道自己下一秒会做出什么事情。爸妈有时说我有神经病，带我去医院检查。我真的没病，我知道我怎么回事，他们不理解我，不懂我（一直摇头，哭）。现在我又有一个小妹妹，爸爸妈妈很喜欢小妹妹，我感觉他们才是一家，我是多余的。”

整个咨询过程中可怜的孩子一直在哭，我也陪着她哭，我和她共情，我抚摸着她的肩膀和头，给她安慰和支持，认真倾听她的倾诉，引导孩子释放了对奶奶的想念。做完疏导后，孩子释放了很多，也轻松了很多。

从孩子摆放的沙盘来看，父母和孩子的距离比较远，亲子关系可想而知。这个孩子在家里缺乏安全感，爸妈只关注孩子的吃穿，也不怕孩子花钱，但是很少关注孩子的内心，根本不知道孩子内心到底需要什么。孩子需要的是父母的爱、父母的理解，渴望父母能关注自己的内心需求，需要父母懂自己。只有父母认识到这点并且努力改变亲子关系，孩子才会走出当前的状态。

1959年，美国心理学家哈洛和同事们公布了他们的“恒河猴实验”数据，引起了轰动。哈洛让还在吃奶的恒河猴婴儿离开猴妈妈，并在新的笼子里制造了两个新妈妈：一个是“铁丝妈妈”，胸前有奶嘴，可以喝到奶；另一个是“绒布妈妈”，柔软但没有奶嘴。您认为小猴会更喜欢有奶的“铁丝妈妈”还是“绒布妈妈”？令人惊讶的是，“铁丝妈妈”的牛奶奖励并没有让小猴留恋，除了饿了的时候，小猴子几乎都紧紧贴着“绒布妈妈”。甚至在实验人员给绒布妈妈装上尖刺、高压气枪，时不时地伤害小猴子之后，它虽然被吓坏了，却依旧在“危机解除”后紧紧地依偎在“绒布妈妈”身边，似乎“绒布妈妈”会给小猴更多的安全感。这让人们看到，动物不仅有物质的需求，也有强烈的情感需求，有“爱”的需求。哈洛从这个“代母养育实验”中观察到了一些问题：那些由“绒布妈妈”抚养大的猴子不能和其他猴子一起玩耍，性格极其孤僻，变得非常自闭和抑郁，常常有刻意远离猴群的行为，甚至有些猴子有一定自残倾向。

哈洛等人的研究发现，父母对孩子的养育不能仅仅停留在“喂饱”层次，要使孩子健康成长，一定要为孩子提供触觉、视觉、听觉等多种感觉通道的积极刺激，让孩子能够感到父母的存在，并能从父母那里得到安全感。尤其是0~3岁的孩子，从儿童发展心理学的角度看，这个时候孩子的心理需求是确认周围世界是否可靠，是否能安全地探索世界，所以这个时候妈妈给予的安全感无比重要。案例中的孩子从小就生活在爷爷奶奶身边，没有生活在父母身边，极度缺乏安全感，长大后，很少和父母交流，父母又不理解她的想法。奶奶走了后，孩子没有了精神寄托，对这个世界没有了留恋，感觉活着没有意义，在很难过的时候就想到用小刀划自己的手腕。

孩子没法选择自己出生的家庭，既然有缘成为一家人，就请好好珍惜。唯愿天下父母能懂自己的孩子！让孩子健康快乐地成长！

请多关注家庭中的老大

一天，我接到一个八岁孩子妈妈的求助。妈妈说："老师，你稍等，让我的孩子和您说话。"女孩在电话那头哭着说："我没有答应妈妈的要求，妈妈就打我，妈妈不爱我，妈妈不温柔，妈妈打得我很疼，妈妈用酒精给我的手消毒了，但还是很疼，我想静一下，睡一觉。"之后我就跟孩子妈妈聊，妈妈说孩子玩了一下午的手机，她没忍住，打了孩子，把孩子的手背都打出血了，她也觉得孩子应该很疼。孩子从一年级开始寄宿，一个星期打两次电话，孩子经常问妈妈："妈妈，你爱我吗？""妈妈，你是不是不爱我？"家长说家里还有个妹妹，妹妹比较可爱，讨人喜欢。孩子曾经跟妈妈说："妹妹是你的小宝贝，我什么都不是。"

放下电话，又接到另一位妈妈的求助。妈妈说孩子上三年级，男孩，不爱学习，这次因为孩子连续两天没写作业，她从昨天晚上到现在一直在打孩子。家长说打了他也后悔，她自己也有生活的压力，情绪不稳定，和老公关系不好，家里还有个老二，老二今年五岁了，上中班，比较可爱。她希望老大能自己完成自己的事情，所以孩子没有达到自己的要求时就会打骂孩子。

不难看出这两个案例的共性是，家长存在打骂孩子的行为，而且都是二孩家庭。《中国国民心理健康发展报告（2019～2010）》中指出，女生抑郁症发生率高于男生，非独生子女抑郁症发生率高于独生子女。女生有抑郁倾向的比例为18.9%，高出男生3.1个百分点，重度抑郁的比例为9%，高出男生3.2个百分点。非独生子女青少年有抑郁倾向的比例为17.3%，与独生子女相当，重度抑郁的比例为7.7%，高出独生子女1.4个百分点。不难看出，非独生子女出现心理问题的比例比独生子女要高，而且，非独生子女家庭中老大的心理问题出现得比较多。

对于想要二孩的家庭，家长们应该格外注意。首先，在要二孩之前要先和老大商量，对老大进行心理建设，征求老大的意见，如果老大愿意妈妈要二孩，甚至支持妈妈要二孩，那么等老二出生后，孩子们之间的感情会很融洽。其次，老二出生后，父母要多关注老大的心理变化。老二出生后，老大的身份和地位发生了变化，如果父母当着老大的面夸奖老二，还把好吃的都给老二，就会让老大觉得自己是多余的，觉得父母都疼爱老二，不爱自己了，这样老大就会出现心理问题。家长应该教育老二干些力所能及的事情，不会的事情多请教老大，或者让老大帮助老二解决一下问题，这样老大就会有成就感。最后，父母也应该增加孩子之间的良性同胞互动。比如，带领两个孩子一起玩游戏等。父母只有理解和尊重孩子的人格，给予孩子平等的关怀和爱，才会减少孩子心中安全感的缺失，从而为孩子带来良好的情绪体验，使孩子愿意积极地与同胞交往、与外界互动，增加孩子的亲社会行为。

请让孩子感受到爱

很多父母和孩子之间总会产生很多矛盾，如父母觉得孩子不好好学习、玩手机、早恋、打架、抑郁等，但都束手无策。其实做父母的能让孩子感受到爱才是最主要的，唯爱是解。

爱孩子就要会真心地赞美孩子。告诉大家一个方法，赞美孩子分三步：第一，我看见你做了……；第二步，让我感觉你是一个……的人；第三步，我最欣赏你的是……品质。比如："孩子，我看到你今天早上五点就起来背诵语文和英语，让我感觉到你是一个勤奋而且自律的人，我最欣赏你的是你努力拼搏的状态和自律的品质。"

爱孩子，就是要善于奖励回应，善于回应孩子好的行为，对孩子好的行为要赞美肯定，强化正向的东西。形成正向的强化，坏的东西自然慢慢就变好了。比如，训练海豚的方法是阳性强化法，先等海豚自己跳出水面，当它做出这样的动作时，训练师就会吹响哨音，并给它一条鱼作为奖励。后面只要海豚每做出跳出水面的动作，训练师就必然会吹响哨音并给它一条鱼作为奖励。这样次数多了以后，海豚的脑神经便会使"跳出水面"和"给它鱼"产生关联；为了得到奖赏，这只海豚便会不时地跳出水面。海豚也会把哨音、跳出水面以及获得奖励建立条件反射。当海豚已经学会了跳出水面后，训练师便不再每一次都给它鱼，而是等它跳得比较高时才给鱼。这么做是为了不让海豚形成只要跳出水面便有鱼吃的认识。当海豚已经能够跳到训练师所希望的高度后，训练师就在它第二次跳或第三次跳或第五次跳之后给它鱼吃。如果海豚有特别的表现，训练师给它的不是一条鱼，而是三条或四条鱼，这会让海豚期望还有下一次而更卖力，因为这个奖实在是太丰厚，值得它做这样的努力。

当遇见熟人时，大人通常会让孩子叫人。如果孩子不说话，大人就容易发火说："快叫阿姨！真是没有礼貌的孩子。"如果这样教孩子，孩子可能就更不愿意叫人了，而且他还得了一个"没有礼貌的孩子"的标签。这时，你可以给孩子一块糖，并说"宝贝，叫阿姨"，这样就可以了。

训练员只有哨子和鱼，没有鞭子。而在教育智商比海豚还高出许多的孩子时，我们有些家长却用了很多鞭子（硬暴力与软暴力）。"站在那里半个小时。""你看看你，有人家一半的好我也就满足了。""你的脑子呢?让狗吃了！"甚至一言不合就动手……这些在你看起来不算啥伤害的行为，对孩子来说可能需要很多年甚至一生来疗愈。很多家长在教育孩子过程中缺乏"哨音"。"哨音"就是一种回应，表示"我看到了"，"你这个行为很棒"，告诉孩子这么做是对的、是好的，孩子就会渐渐知道该重复哪些行为。"哨音"可以是一句赞美的话、一个大拇指、一个肯定的眼神、一次抚摸、一个拥抱、一个亲吻……

爱孩子就要把自主权还给孩子，让孩子成为主导，而不是以父母为主导。

面对早恋的女儿

一天接到一位妈妈的求助，她的女儿现在正在上高一，孩子在初三的时候和班里的一个男孩很好，但后来这个男孩和别的女孩好了，当时自己的孩子接受不了，出现了活不下去的想法。等孩子上了高一，成绩提高很快，不过在同一层楼上又遇到了初中喜欢的那个男孩，两人又和好了。妈妈发现后很着急，就警告女儿说，这个男孩挺坏的，你不要在一条河里淹死两次。孩子就说，我知道，我长大了也不谈恋爱，不结婚，不生孩子。从此妈妈和孩子的关系紧张起来，两个人几乎不说话，妈妈为此觉得很难过。

家长常把青春期孩子的恋爱称为“早恋”。“早”包含着家长认为其不合时宜、不应该的否定态度。其实“早恋”这个词有点贬义，应该叫“恋爱”。中学阶段是青少年学业发展的重要时期，多数家长认为“早恋”会分散孩子的学习精力，浪费时间，会导致孩子成绩下降，有百害而无一利。所以这些家长通常把青春期恋爱看成洪水猛兽，习惯用警告、批评、责备，甚至打骂等方式阻止孩子恋爱。这样的结果就是孩子恋爱了不和父母说，偷偷地谈；还有的孩子会和父母作对，把本来朦胧的恋爱变成真的恋爱，甚至造成了不好的结果；还有的孩子迫于父母的压力不谈恋爱，但却压抑了自己。

如果孩子真的恋爱了，家长应该以什么样的态度和教育方式面对孩子、引导孩子呢?

首先，接受孩子恋爱的事实，让孩子感受到父母和孩子是站在一起的，而不是对立的，这样孩子就会放下防御，而且会觉得父母和自己站在一起，心里比较舒服。家长要报以尊重的态度，可以跟孩子说：“你开始有喜欢的人了，这说明你长大了，妈妈很替你开心。”这种尊重的态度能使家长有机会靠近孩子，有机会和孩子谈论和恋爱有关的话题。因此，只有父母表现出开明、理解的一面，主动教给孩子恋爱知识，对孩子进行恋爱价值观的教育引导，孩子才愿意敞开心扉向父母寻求帮助，积极渡过难关。

其次，家长需要随时关注孩子的情感状况，留心观察孩子的情绪、行为状况和心理需求，及时给予关爱，适时引导。家长可以不定期地和孩子探讨恋爱中的感受。例如，问孩子：“恋爱的感觉怎么样？两人的关系怎么样？有没有影响学习和生活？在哪些方面可以作出调整？”尊重、信任和开放式的探讨能帮助到孩子。

最后，夫妻之间的关系影响着孩子的心境和心理健康状况。如果父母心理状态良好、夫妻和睦，孩子的青春期恋情常常是在和风细雨中走过的，出现问题也能很好地解决；如果父母之间存在问题，夫妻之间争吵或冷战，孩子在家庭中体验不到安全感，就容易坠入爱河，陷入情感纠葛时难以自拔，期待用恋爱填补家庭问题留下的情感空白。对恋爱对象情感需求过多、过于强烈，还可能在恋爱关系中复制家庭中存在问题的互动方式。因此，家长需要经常反思：我平时是怎样与配偶互动的？这些带给孩子怎样的影响？我应作出怎样的调整？家庭关系尤其是父母与孩子的关系，塑造了孩子最核心的人格，这个人格在很大程度上决定了孩子将来能够取得的成就和享受的幸福。因此，父母的言行举止对孩子的成长产生着深远的影响，从这种意义上来讲，为人父母不应该仅仅是一种角色，而应该是一门学科，是对孩子起示范作用、指导作用、引领作用的学科。家长要以身作则，提高自身修养，夫妻双方应相互尊重、相互体谅，为孩子营造良好的家庭环境。与之相反，父母若是整日争吵，无法好好沟通，孩子在产生恋爱冲突时便会效仿父母，不但难以采用正确的方法去解决冲突，甚至可能会使冲突更加恶化。因此，父母在孩子婚恋观方面起着隐性教育的作用，这种作用不一定是自觉的，但却潜移默化、实实在在地在家庭成员特别是孩子身上发挥作用。

建议：

1. 父母要调整自己的情绪，不要过于担心这件事情，其实孩子之间正常交往是可以的，父母过于干预，反而会起到相反的结果。

2. 有事情多和孩子沟通，听听孩子的建议。

3. 先观察一下，看看孩子下次的考试成绩，成绩出来后再和孩子沟通。

效果：来访者很满意，愿意试着改变自己，试着去尊重孩子、相信孩子，让孩子有自己的主见。

神圣的倾听

有一天，我的儿子很开心地说：“妈妈，我的同学都羡慕我有个咨询师妈妈，我什么事情都可以跟你说，你总是耐心地倾听，什么事都懂我，妈妈有你很好。”确实，儿子从小不管发生什么事情都会跟我说，如学校里和同学的关系、学习成绩等，我每次都认真倾听，尤其当他说一些不开心的事情时，我会当好孩子的听众，让他通过讲述来释放压力，以致能够站在他的角度，感受他的感受。

曾读过《窗边的小豆豆》。小豆豆第一次见到小林校长时，没想到校长笑着对她说：“把想说的话，全部说给校长听！”小豆豆很开心，一下子打开了话匣子，足足讲了4个小时！小豆豆感到生平第一次遇到了真正喜欢自己的人！从小豆豆出生以后直到现在，还从来没有一个人这么长时间地听她说话呢！而且，这么长的时间里，校长先生一次也没有打哈欠，一次也没有露出不耐烦的样子。他也像小豆豆那样，把身体探出来，专注地听着，还会感兴趣地问：“还有呢？还有呢？”最后，他很真诚地看着小豆豆说：“你真是个好孩子。”从此，曾被老师训斥并退学了的问题学生小豆豆，第一次感受到说话也可以被人喜欢，她也可以是个好孩子。

道格拉斯·史地尔曾说过：“去倾听生命中另一个人的灵魂故事，去听他向你展露自己，去发现他背后的故事，这可能是一个人能对另一个人所做出的最伟大的付出了。”每个人都有被人倾听、理解的需求，共情倾听能力也因此显得重要。倾听，特别是共情倾听能在讲者和听者之间创造出平静的氛围。如果我们学会共情倾听，我们就能与他人建立较长期的、可持续的关系，这有助于提高我们的复原力，让我们在受伤害后容易恢复，而且会减少压力给我们的生活带来的烦恼。

怎样才能做到共情倾听呢？首先不再以自我为中心，而要全心地投入到另一个人的经历中。你需要集中注意力，关注对方的话语以及讲话时的手势、身体姿势甚至面部表情才行。当你在共情地倾听时，你必须将自己的偏见摒弃，也不能被任何其他事分心。你要学着如何在不被对方牵着走的前提下跟对方的情感进行联结，并根据对方给出的线索来决定何时该往前一步，靠得更近一些，或者何时该后退一步，给彼此留下空间。

一、练习共情倾听能力

可以尝试和家人从以下角度练习共情倾听能力。

（一）有反应地倾听

重复对方说过的内容。比如，如果孩子对你说："妈妈，我这次考试没达到我的目标，我很伤心。"你可以说："噢，宝贝，你说你这次考试没达到你的目标，你很伤心对吗？"当你这样说的时候，孩子会觉得你很理解他，接下来的谈话就会进行得很顺利。如果这时妈妈说："都没考好，还伤心呢，你有心吗？"我想这时候的孩子肯定会更加不开心，甚至会很难过，因为妈妈不但没有共情，反而对他进行了批评。

（二）用你自己的话重述一遍内容

尝试把你听到的内容概括出来，看看你是否理解说话者。

有一次，我的咨询室来了一个孩子。他进来之后，看起来心情不是很好，我们就聊了起来，他是这样说的："老师，我已经尽力了，我这学期比上学期进步了十个名次，但每次考完试爸爸妈妈不但不表扬我，还总是说我没有尽力，不如某某考得好。老师，我真的很烦。老师，我脑子真的不聪明吗？但我真的尽力了。"说着孩子很委屈地哭了起来。

等他情绪平静些后，我对他说："你刚才说的是，你在学习上已经尽力了，但是没有得到父母的肯定，是吗？"当我这样说了之后，他的眼神变得温暖了很多，他说："是的，老师。"当我重述一遍他的话后，他感觉到我理解他，懂他。

（三）注重他人的感受

重新讲述一遍内容，反馈你的情感，表现出你对讲话者的兴趣。

比如，孩子放学回家后，跟家长说："今天学校举行运动会，在接力赛的时候，我接最后一棒，最后还差五十米的时候，我不小心摔倒了，腿也磕破了，也没拿到第一，哎！"这时家长可以这样说："宝贝，接力赛的时候，你接最后一棒，最后还差五十米的时候，不小心摔倒了，腿也磕破了，也没拿到第一，你很伤心是吗？妈妈也感到伤心，同时妈妈也很心疼你。"

（四）多运用身体语言

不是怜悯，而是将注意力集中在讲话者独特的表达方式上。

比如，和孩子谈话的时候，眼睛要注视着孩子的眼睛，当你赞同他的观点时，还可以点头表示认可；当孩子难过时，可以拍拍孩子的肩膀；等等。这些身体语言能让孩子感觉舒服。

（五）别太爱下定义或概况

不要妄下结论、批判他人、好为人师、爱提建议或者打断对方。

在和孩子交谈的过程中，要认真倾听，不要评判，或者中间无故打断对方。可以尝试说一些鼓励讲话者表达更多想法的话语，比如："我觉得……""这看起来有点像……""我理解，你似乎……""看起来好像……""如果我听得没错，你……""我注意到……""我猜想，那种感觉……""再跟我说说……""你是说……吗？"

二、表达出你的共情态度

我们要想学习如何表达共情态度，即如何将你的想法和感受用语言表达出来并深入到另一个人的内心和灵魂，就要自我认知、细心反馈和大量练习。我整理出一些指导性原则，可以帮助大家学习如何用有益的，而不是有害的方式来表达自己的想法。

（一）放慢语速

共情能让事情放慢节奏，随之，情绪也会得到好转。

（二）避免瞬间决定

一个能共情的人，并不会依据过去的经历来对他人进行归类，而是会具体情况具体分析，因为人都会改变和成长。

（三）留意你和他人的身体

共情是一个完整的身心反应，在一个能共情的神经系统反应中，思想与情感会发生相互作用。心理上的共情是给予和接受的过程：通过反射他人的神经系统，交换大量急需的信息。

（四）从过去学习

我们要真正弄明白我们的过去，这样我们过去的理论和旧模式才不会影响我们现在的理解和感知。如果你不清楚自己过去有哪些偏见，你的精准感知能力就会受限。例如，如果在过去，你爸爸发了一顿脾气，你为此感到很害怕，那么，当你遇到一些很热情却并不愤怒的人时，你可能会变得过度敏感。

（五）展开你的故事

每个人的故事都必须按照自己的节奏开展。当我们带着共情时，我们能够异常准确地判断出另一个人需要走多快或多慢。时间能够治愈一切。

（六）设定界限

如果聆听者与讲话者的情感混淆，共情将毫无作用，这就要求我们有保持客观的能力。如果对方说的内容让你想起曾经经历过的某种情感遭遇，你就已经将对方的问题过度感同身受，并失去了自己的客观性。你一旦意识到这种情况，就要尝试放慢语速，放下自己过去的经历，这样你才能真正用聆听的耳朵投入到共情状态中。

三、停止打骂，认可孩子

疫情期间，我收到一位妈妈的求助。她有个13岁的男孩，孩子在家上网课的时候，不好好上课，也不开摄像头，为此，她经常和孩子发生矛盾。孩子经常说不想上学，说自己压力大，想跳楼。因为疫情原因，从过年开始一直上网课，孩子经常借着上网课的机会玩游戏。孩子的爸爸经常出差，回家后就会和妈妈吵架，孩子也和妈妈对立。孩子平时在住校，一周回一次家。这不两天前在网上考试，孩子感觉压力大，想跳楼自杀。家长说孩子上小学五六年级的时候，有一次爸爸生气极了揍了孩子，揍得很厉害，那次之后，孩子说："我还不如离家出走呢。"到了地下室，孩子大声发泄，哭喊着说自己卖肝卖肾还父母的恩情。妈妈说孩子上小学的时候，有一次不小心摔倒在地，后脑勺摔着了，当时摔得不轻，孩子疼得哭了，可是爸爸不但没有安慰孩子，反而狠狠地说："摔死算了。"这件事对孩子来说记忆很深，从那以后孩子和爸爸之间有了隔阂，亲子关系变得很不好。只要一管他，他就会和家长对立，有时候会故意气家长，只有玩游戏时会很投入。

家长说孩子在上小学的时候，经常会和同学打架，而且他会和同学记仇。家里还有个老二，已经三岁了，老二比较听话，家长也比较喜欢老二。

其实，我们不难看出，孩子出现现在的状况其实是与父母的教养方式分不开的。孩子在五六年级，大约十一二岁，正好处在青春期，这个时候孩子比较敏感，也会叛逆，如果这时候孩子被家长打骂，得不到父母的关爱，他们就会觉得父母不认可自己，在家里没有归属感，没有生存的价值和生存的希望，甚至会感觉活着没有意义，出现一些负面的甚至是轻生的想法和行为。所以这时候父母一定不要打孩子，而要认可孩子。对于青春期的孩子，家长更应该好好和孩子沟通，多鼓励孩子，帮助孩子找到生活中的乐趣，参与到孩子的生活中，鼓励孩子，和孩子建立良好的关系。

小男生活该被欺负吗?

一、案例

一个三年级的男孩来做咨询：2022年6月份，学校恢复了线下教学，可孩子一去上学就肚子疼，基本无法上学，第二天还说肚子不舒服，第三天也不愿意去，妈妈会控制不住打骂他。孩子在家上网课期间，有各种小动作，他还有一个上高中的姐姐，和一个双胞胎的妹妹。妹妹和他不一样，比较活泼好动。

他在上幼儿园的时候埋下了心理阴影。有一次，他被小女生欺负，老师却打他的小手，孩子有委屈不和家长说，因为老师说不能和家长说。孩子告诉我，幼儿园的老师说：小女生可以欺负小男生，但小男生不能还手，不能欺负小女生。班里所有小男生都被老师打过，老师不打小女生。孩子问我："老师，小男生就活该被欺负吗？"

孩子的妈妈小时候家里穷，也被同学欺负过，妈妈基本没有朋友，孩子说他见过妈妈偷偷地哭过。他的表妹来他家玩时，不但不和他玩，还很霸道地让他出去。表妹走了后，他感觉很委屈，本想跟妈妈说说找点安慰，但妈妈却说："人家是客人，你得让着客人。"他感到无比难过。他还有个很好的朋友，但妈妈曾经跟他说过交朋友很难的。这让他担心回学校后同学们会欺负他。

他喜欢研究科学，想当一个科学家。我顺势引导他："非常期待你能当个科学家，那要想实现科学家的梦想是不是要先回到学校学习呢？"他说："是的。""那你觉得明天能去学校上学吗？"他说："我妈妈说我调整好了就去上学，但我妈对我说：'到我死了你也调整不好。'所以我也不知道我能不能调整好。”我说：“你妈妈的话是反着说的，她最希望你现在就去上学。”他略有所思地点点头。我陪孩子做了沙盘，做了情绪处理（借助于发泄工具，让他把在幼儿园里受的委屈发泄掉，和那段阴影告别）。

孩子还画了房子、树、人的画，他用了大约五分钟就画完了。他说画中是他和妹妹一起玩，都打着伞。从画上看，妹妹比他大，伞也比他的大。在心中，他觉得妹妹比他好，受关注度比他高。其实这也和他上幼儿园时的遭遇有关，在他心中，女生就可以欺负男生。

图7–2 孩子画的画

二、原因分析

1. 孩子在上幼儿园时留下了阴影，已经影响了自己，觉得小男孩就该被欺负。

2. 妈妈没能很好地控制自己的情绪，影响到孩子（妈妈在孩子面前哭；妈妈小时候家里穷，没有好朋友，由此用负面性的语言阻碍了孩子交友）。

3. 妈妈的一些观点也影响了孩子（如交朋友是很难的等）。

4. 妈妈负面性的语言对孩子产生了影响（“到死了你也调整不好”）。

5. 妈妈没有看到孩子在科学方面的兴趣，而只是关注学习成绩。

三、建议

1. 妈妈首先要调整好自己的情绪，不要让自己的情绪影响到孩子。尤其是不要在孩子面前哭。

2. 妈妈要注意自己的语言，多用正向的语言，给孩子积极的影响，给孩子鼓励。

3. 妈妈要做好自己，做一个积极阳光、幸福的妈妈，给孩子做好榜样，用榜样引领孩子发展。

4. 妈妈要引导孩子有正确的认知，改变错误的认知，不要有小男孩就该被小女生欺负的想法，并在生活中多支持孩子。

一个被冤枉的男孩

咨询室来了一个小男孩，低着头不说话，看着像有心事的样子。我让他坐下，递给他一杯水，说："孩子，我有什么可以帮你的吗？"他没说话，大约三分钟后，他开口就说："老师，其实钱不是我拿的，我真的没有拿家里的钱。"原来，孩子的爸爸和妈妈离婚后，孩子的爸爸又给孩子找了一个后妈，爸爸在外工作，后妈对他并不好。一天，后妈发现床底下的三百元钱不见了，就说是他偷的，爸爸也指责他不应该偷钱。他说："老师，我真的没拿，你相信我吗？"我抚摸着他的头说："老师相信你。"

其实，父母没有看见孩子拿钱，就猜测是孩子干的，而且说孩子是小偷，这就是冤枉孩子，冤枉一个孩子会对孩子造成很大的心理伤害，甚至会影响孩子的一生。

重庆有一个10岁的小男孩被一个奥迪车主指认划坏了他的奥迪车。小男孩表示不是自己划的，但是调出监控后发现，只有小男孩靠近了汽车，所以车主认定他是划车的人。男孩的父亲看完监控后，发现确实只有自家孩子靠近过车子，就积极协商，赔偿了车主。面对指控，孩子一直否认是自己做的，但是不被相信，情绪一直很低沉。重庆民警看到孩子的情况后，连续调查了3天，核对了所有的监控视频，最后，发现车痕在进入小区时就已经存在了。孩子虽然靠近过汽车，但是手一直在兜里，摸的地方也不是划痕处，所以，孩子是被冤枉的。民警经过调查和证实，终于还了孩子一个清白。民警表示："娃被冤枉可能会一辈子有阴影，就是想还娃的清白。"如果民警没有还给孩子清白，小男孩会一直被冤枉，这会对小男孩的成长造成不可挽回的影响。

《吕氏春秋》记载了这样一个故事：孔子周游列国的时候，时局动荡，老百姓经常忍饥挨饿，常以野菜充饥。

有一次，孔子和其学生在途中好几天没有吃到一粒米。孔子的学生颜回去讨米，好不容易讨回来一点米，回来后煮饭，饭熟了后，孔子看到颜回用手从锅内抓了白饭放进了嘴里，孔子便假装没有看见这件事，也没有对颜回进行责问。等到颜回来请孔子吃饭，孔子假装刚刚睡醒，不假思索地说："我刚才梦见了祖先来找我，我想，先把干净还没吃过的米饭拿来祭祖吧！"颜回听了，顿时慌张起来说："不可以的，这锅饭我已经吃了一口，不可以祭祖了。"孔子问他原因，颜回涨红了脸紧张地说："刚才我看到有炭灰掉到了锅内，饭被弄脏了，但是扔掉又很可惜，于是自己将其抓起来吃掉了，我不是故意偷饭吃的。"

孔子听了恍然大悟，于是叹息道："我平常对颜回最为信任，但是，看到他吃米饭，我仍然怀疑他，可见人的内心是最难确定的，而眼睛看到的也不一定是事实啊！"

孔子与颜回的故事给我们启示：我们要改变眼见就一定为实这种惯性思维。在没有了解实际情况时，不要轻易下结论，否则，真相会与我们的想法背道而驰，而且还会冤枉人，给人造成伤害。

作为家长，我们尤其应注意不要冤枉孩子。

大约又过了两个星期，这个孩子高兴地跑到我的咨询室跟我说："老师，我妈妈的钱找到了！"我也开心地说："恭喜你，老师一直相信你。"他脸上露出了开心的笑容，蹦蹦跳跳地走了。

心理需求被忽略的初一男孩

男孩和妈妈一起来到心理咨询室，孩子情绪激动。妈妈说："我也不知道孩子怎么会这样！"孩子立马就说："你还不知道，我死了就知道了是吧。"

孩子说他记事很早，他能记住两岁时的事情，他爸爸从小就打他，往死里打。他记得上幼儿园的时候，鞋子掉到了水里，爸爸就拖着他走，一边走，一边骂："你要不是我亲生的我就把你扔到马路上。"爸爸有一次拿着椅子把他的头打破了。妈妈是老师，经常需要值晚自习，每当他和爸爸在家，他就感到害怕，他就想："哎，我妈回来就好了，我妈回来就好了。"可是后来，大约九岁，弟弟出生后，爸爸打他的时候妈妈也不再护着他，而且妈妈心情不好时也会骂他。

他在爷爷奶奶家住，很想回家，但又不敢回家。他还得讨好爷爷奶奶，在爷爷奶奶面前装傻。他有好几次都想跳楼结束自己的生命。

妈妈认真地听着，也不断自我反思。两人进行了一次比较深入的交流，这次交流是母子这么多年来难得的体验。妈妈说从小他喜欢什么东西就给他买，确实忽略了孩子的心理需求。

爸爸的打骂，妈妈没及时关注，造成了孩子现在的状态。孩子从小基本得不到爱，没有安全感、归属感和价值感，有时怀疑自己到底是不是爸爸妈妈亲生的，甚至曾跳楼结束自己的生命。

20世纪50年代末，美国威斯康星大学动物心理学家哈里·哈洛和他的同事们做的"恒河猴实验"的研究发现给了我们很多有意义的启示，它对改变传统的育儿观产生了积极的影响。父母对孩子的养育不能仅仅停留在喂饱层次，要使孩子健康成长，一定要为孩子提供触觉、视觉、听觉等多种感觉通道的积极刺激，让孩子能够感到父母的存在，并能从父母那里得到安全感。“粘人”的宝宝有时让人心烦，但是这恰恰说明孩子具有一种积极的情绪——对亲人的依恋。父母为孩子建立安全的依恋是保障孩子心理健康发展的基础。儿童与依恋对象之间温暖、亲密的联系使儿童既得到生理上的满足，又体验到愉快的情感。

与喂食相比，身体的舒适接触对依恋的形成起着更重要的作用。父母与孩子之间要保持经常性的肌肤接触，如抱抱孩子，摸摸孩子的脸、胸、背等，让孩子体味着“接触所带来的安慰感”，对大一些的孩子也应如此。父母对孩子发出的信号要敏感地作出反应，使孩子感受到自己的存在价值。例如，在做亲子游戏时，父母应保持愉快的情绪与孩子玩耍，全身心地投入其中。孩子有了安全感，才能逐渐形成坚强、自信等良好的个性品质，成为一个对人友善、乐意探索、具有处事能力的人。

所以，作为父母我们不能只关注孩子物质方面的东西。很多父母觉得，孩子要什么就给买什么，关注孩子吃没吃好、要什么衣服等这些物质方面的东西，就是爱孩子。其实孩子就像实验中的婴猴一样，更需要的是父母的温度，更需要的是父母能关注自己内心的心理需求，更需要的是父母能懂自己，更需要的是父母能和自己的心贴近，能倾听自己的声音，看见自己，尊重自己。

喜欢养猫的女孩

我接到一位爸爸的咨询电话，他说孩子20岁了，上职业中专，性格非常偏执，已经养了20多只猫了，从上中学开始就养猫，以前也养过兔子，后来嫌有味才放弃，后来又养了三只狗，还养过仓鼠。爸爸说自己脾气暴躁，女儿从小跟姥姥生活。女儿对爸爸经常说狠话，但是女儿对邻居、同学及同学的家长都很好，唯独对自己的爸爸妈妈就像对待敌人一样，爸爸怀疑女儿是在报复自己。有一次姥姥走了，女儿跟爸爸闹得不可开交，非得让爸爸找姥姥，而且孩子花钱都是让姥姥向爸爸要，她从来不自己问爸爸要。孩子三个月大时就跟着姥姥，因为妈妈要上班。上周五孩子从学校附近带回来一只猫，当时这只猫生病了，但周六不知道为什么那只猫找不到了，女儿很着急，说如果找不到猫自己就不上学了，所以最近几天孩子在家没去上学。女儿现在没有钱的概念，买衣服上千地花，五百元一双的鞋子，一买就买好几双。同学到家里玩，孩子就会把爸爸妈妈赶到奶奶家，自己和同学在家玩。孩子不上学，爸爸非常恼火，觉得孩子如果不上学就会没文化，以后就会找不到工作，而且孩子不上学也不跟老师请假。爸爸说孩子上小学时做错了事情就批评她，初中以后，孩子大了，自己就不管了。女儿现在身高1.7米，52公斤，但还是嫌自己的小腿胖，偷偷吃减肥药。她从小学几年级开始就染头发、化妆。上初中的时候，她在QQ上写了一句话：人生就像坐火车，该到哪站下就在哪站下。孩子为了不上学到精神医院去做检查，开证明，结果查出抑郁症。父母现在对这个孩子没有办法，非常着急。

孩子小的时候和妈妈有很好的联结，才会有满满的安全感。这个孩子从小跟着姥姥生活，因而缺少父母的陪伴与心理支持，缺少足够的安全感。而且上小学的时候做错了事情，爸爸就批评她，这种指责批评更让孩子感受不到信心，对学习也没有信心，所以初中就开始逃学，为了不上学甚至到精神医院去做检查，开证明。孩子从小就缺乏关注，比较关注自己的外表，其实她是用夸张的外表来引起他人的注意，希望有人来关注她，尤其希望父母能关注她，夸夸她。

父母最好能从小陪伴孩子，参与到孩子的成长过程中，给孩子足够的安全感，尤其是孩子小的时候，安全感的建立非常重要。父母陪伴孩子，关注孩子成长过程中的心理需求是很重要的。父母要让孩子感受到爸爸妈妈的爱，才能让孩子回归正常的状态。

因为作业而抑郁

有这样一个案例：孩子不去上学，在家光玩手机，家长实在没有办法，非常着急。我和孩子聊了聊，让他做了个沙盘。这个沙盘表示一个古代部落被毒虫攻破，所以它的名字叫“没落的古代部落”。

图7-3　“没落的古代部落”沙盘

以下是做完沙盘后我和孩子之间的对话：

我：这是你的作品，请你先感受一下这个沙盘传递给你的信息，当你能看到你的作品时，你的感受是什么？

孩子：我现在的心情很复杂，我希望人能打败毒虫，但人却无能为力。人是打不败毒虫的，因为毒虫太多，人太少。

我：这里面你最满意的是哪里？

孩子：我最满意的是这部分，这是个祭台，族长把祭品献给神仙寻求庇佑，可神仙也打不败毒虫。

我：这些蛇在干什么呢？

孩子：这些蛇是被祭台吸引过来的，它们想来吃祭品，有的人拼命保护自己的同伴，有的人可能逃出去了，但也可能被攻击了，因为在最外面的沙子里有很多毒虫，它们会随时出来攻击人。这里的每个人都应对着蜘蛛，但却没有人来应对蛇。这边还有倒塌的城门，有战死的人。

我：那你创作的这个世界与现实生活或者生活中的你有联系吗？（此时，他犹豫了一下）我接着说，我是心理咨询师，今天在这里发生的一切我一定会保密的。（此时，他深吸了一口气，开始说了起来）

孩子：这些人是我，这些虫是作业。我写作业比较慢，但我们的作业多，小学时写到晚上9点多，现在我得写到晚上12点多。上小学时，我们这届学生一年级就开始学习英语，我特别烦英语，我们上届是从三年级开始学英语的，而我们一年级就开始学了，我们下一届也没学，就我们这届是试验品。我一至四年级时英语还可以，学得比较好，五年级的时候感觉难了，六年级毕业考试英语考了70多分。初一期末，数学110，语文111，英语102。“双减”之后好点了，可一套一套的英语试卷我至少要做3个小时。

我从小喜欢一个人，平时喜欢角落，喜欢安静的没人的地方，喜欢一个人走人少的地方，喜欢一个人待着。现在我喜欢在家待着，我挺烦我的同位，起码在家觉得安静。

我：那你以后的目标是什么？

孩子：我以后想当画家，我喜欢画画，但我也得高中毕业。

我：对呀，目标是画家，要实现这个目标是不是得做点什么？至少得高中毕业吧，是不是现在还得想办法学习呢？

孩子：是的，但我明天还是不想去上学，要不我再想想。

我：好的，我相信你。现在请你再看一下你的沙盘，现在你的感觉和刚开始的感觉一样吗？

孩子：（看了一遍）我感觉现在的心情不一样了，感觉轻松了很多。

后来我又和孩子聊了聊，得知孩子的妈妈从小就不会鼓励孩子，很少和孩子交流，爸爸则有时会和孩子吵架，而且有时候会动手打孩子。而且孩子写作业特别慢，每次写作业都被妈妈催促，为了作业经常和妈妈吵。

可见，家长发现孩子做作业拖拉、磨蹭、动作慢时，不能简单地催促、大声地吼或责骂，更不能打。消极的语言和行为会强化负面的结果，催促、责骂和殴打只能使孩子写作业更加磨蹭、更加拖拉、更加慢，而且会使孩子对学习和做作业本身产生厌烦心理，甚至厌学。有效的解决办法是家长要做有心人，细心观察孩子做作业的过程，并与孩子心平气和地交流沟通，找出孩子写作业慢的主要原因。如果孩子是为了对抗家长，家长则只要明确告诉孩子作业完成就可以玩或做自己喜欢做的事，就会提高孩子做作业的速度了。

转学风波

有一天接到一位家长的求助，这位家长非常着急，她说自家孩子在小学一至六年级学习很好，基本就是班级前两名。孩子现在初一，却在家不去上学了。孩子在小学升初中的时候，家长想给孩子找个好点的中学，就把孩子转入到一所名校。没想到孩子去学校上了一个月，感觉各方面都不适应，没有熟悉的小伙伴，也不喜欢学习。没有办法，妈妈又把孩子转回到了原来小学对应的那个初中。转回来之后，按学校的要求孩子被分到了四班，可是孩子小学的好伙伴都在一班和三班，刚上了一天，孩子就说烦，跟妈妈说不去上学了，因此妈妈也找到班主任说明了情况，想给孩子调到一班或者三班，班主任说不好调。所以孩子现在就是不去上学，家长很着急，说为了给孩子转学，自己找关系、找学校，花了不少钱，没想到现在是这个结果。

家长为了孩子着想，想给孩子找个好的初中，希望孩子将来能考个好高中，考个好大学，其心情是可以理解的。我们做父母的，哪个不是时刻在“安排”自己的孩子？孩子喜欢吗？不喜欢，他们那么小，有能力逃脱吗？没有。很多父母往往是牺牲孩子，成就自己的控制欲。父母在做决定前要考虑孩子的感受，如转学前可以问一下孩子是不是愿意，达成共识，如果孩子参与了，孩子愿意，那么在接下来的学校学习中不管出现什么问题，面对什么困难，孩子都会积极主动地想办法解决问题，而不是逃避退缩。如果没有取得孩子的同意，孩子内心就会别扭，遇到问题就会逃避，甚至内心会和家长对抗。

案例中的家长在孩子转学的过程中确实费心不少，不过如果家长在孩子面前说自己为了孩子转学多辛苦等，反而会增加孩子的愧疚感和罪恶感，拉低孩子的价值感！

面对现在的状况，家长最好静下心来和孩子交谈，找到解决问题的最佳途径，不要让自己的焦虑影响孩子。家长应该鼓起孩子的信心，帮助孩子适应新环境，学会人际交往，从而更快地适应学校的学习生活。